永久保存版

三国志ものしり人物事典

「諸葛孔明」と１０２人のビジュアル・エピソード

文芸社

●三国志ものしり人物事典——目次●

第一部　乱世の群雄撞頭

後漢末

第二部　王朝創業の野望

魏

第三部　江東健児の雄志

呉

第四部　漢朝再興の智謀

蜀

三国勢力図

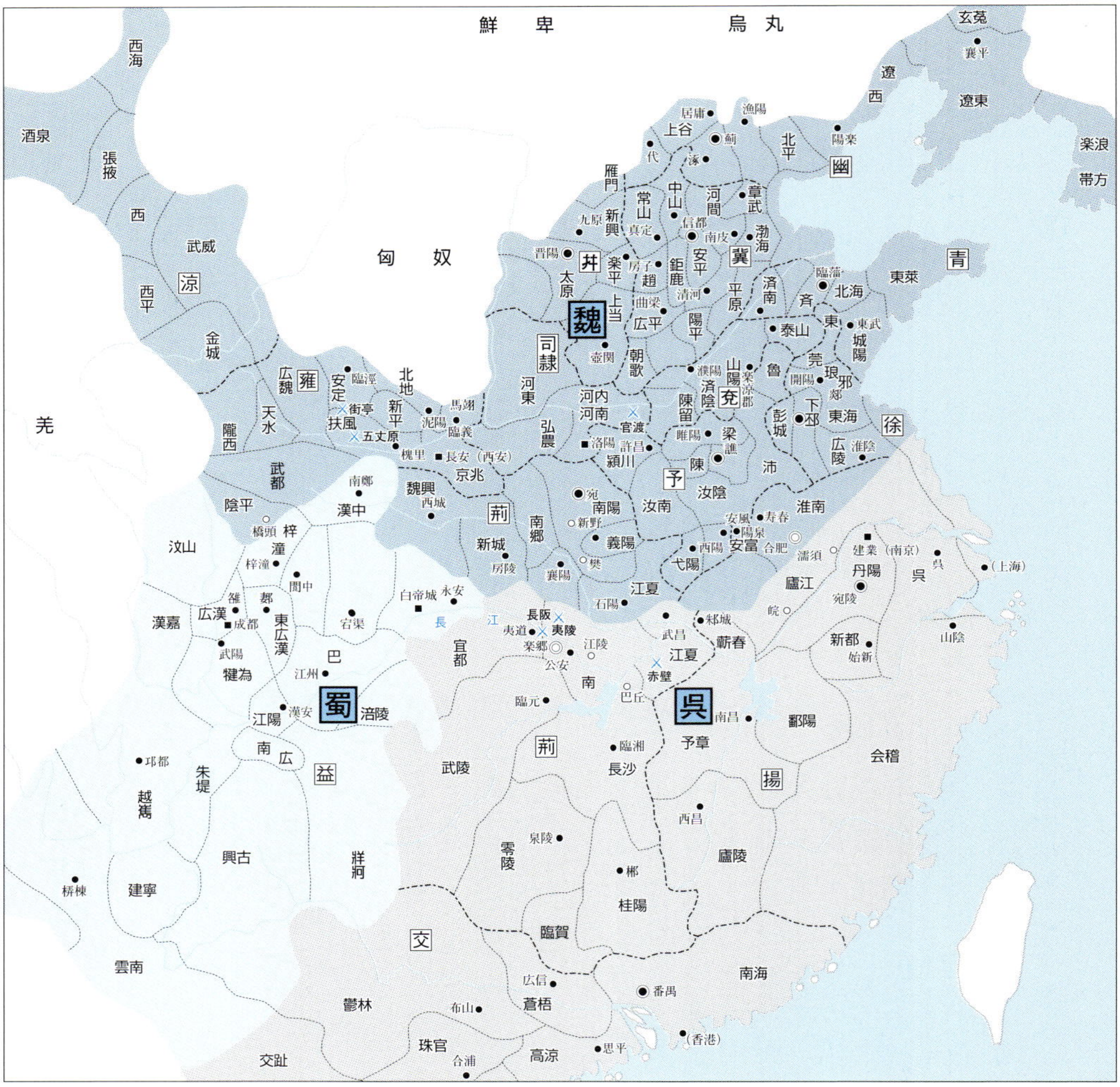
鮮卑
烏丸
匈奴
羌
魏
蜀
呉
玄菟
襄平
遼西
遼東
楽浪
帯方
西海
酒泉
張掖
西
武威
涼
西平
金城
広魏
雍
天水
隴西
武都
安定
臨涇
北地
新平
扶風
街亭
五丈原
馬翊
泥陽
臨義
槐里
長安（西安）
京兆
居庸
漁陽
上谷
薊
代
涿
北平
陽楽
幽
雁門
常山
中山
河間
章武
九原
新興
真定
信都
南皮
渤海
晋陽
井
太原
楽平
房子
趙
鉅鹿
安平
冀
臨菑
北海
東萊
青
上党
曲梁
清河
平原
済南
斉
広平
陽平
泰山
東
東武
城陽
司隷
壺関
朝歌
河東
濮陽
山陽
昌邑
魯
兗州
琅邪
開陽
河内
河南
官渡
済陰
陳留
兗
彭城
下邳
東海
徐
弘農
洛陽
許昌
潁川
睢陽
梁
譙
広陵
淮陰
陳
予
汝陰
沛
淮南
南鄉
漢中
魏興
西城
荊
宛
南陽
汝南
寿春
安風
陽泉
西陽
安富
合肥
陰平
橋頭
梓潼
汶山
閬中
新城
房陵
南鄉
新野
樊
義陽
襄陽
弋陽
廬江
濡須
建業（南京）
丹陽
呉
（上海）
宕渠
白帝城
永安
長江
長阪
夷道
夷陵
江陵
石陽
江夏
邾城
蘄春
皖
宛陵
新都
始新
山陰
漢嘉
広漢
雒
成都
郪
東広漢
巴
武陽
江州
犍為
宜都
楽郷
公安
南
武昌
江夏
赤壁
巴丘
臨元
涪陵
漢安
江陽
南広
益
邛都
越巂
朱提
荊
臨湘
長沙
予章
南昌
鄱陽
揚
会稽
武陵
西昌
廬陵
泉陵
零陵
郴
桂陽
興古
牂牁
梇棟
建寧
雲南
交
臨賀
広信
蒼梧
番禺
南海
鬱林
布山
珠官
合浦
高涼
思平
交趾
（香港）

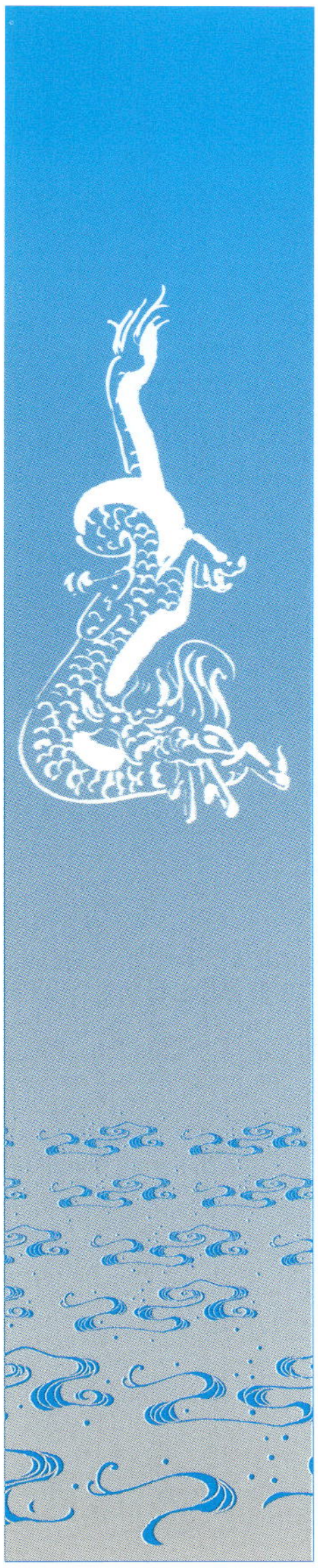

三国志英雄列伝

第一部　乱世の群雄擡頭

後漢末

二世紀末、外戚と宦官の専横で、
漢王朝の権威は失遂した。
『蒼天、すでに死せり、
黄天、まさに立つべし』
をスローガンに立ち上がる。
黄巾農民軍の意気あがり、
天下大混乱のうちに、群雄擡頭し
『三国志のあけぼの』をむかえる。

後漢末

名門意識過剰で自滅した御曹司

袁《えん》紹《しょう》

〈生年不詳～二〇二年〉

字は本初《ほんしょ》、汝南《じょなん》郡汝陽（河南省周口市）の人。三公（宰相職）を四代つづいて出した名門袁家の御曹司で、堂々たる風貌の持ち主だった。十代で近習として宮中に上がり、二十歳の若さで濮陽《ぼくよう》の令に就任して、優れた人物との評判を得た。のち大将軍の何進《かしん》に認められて、司隷校尉《しれいこうい》に昇進した。

霊帝《れい》が没した一八九年、何進に働きかけて、宦官《かんがん》誅滅計画を推進。何進が宦官に暗殺されたのをきっかけに、従弟の袁術《えんじゅつ》らとともに宮中に兵を入れ、宦官二千余人を皆殺しにして、かれらの専制に終止符を打った。

が、それもつかの間、何進に呼び寄せられた董卓《とうたく》が首都洛陽に乗り込んできて朝政を独裁する事態となる。袁紹は協力を要請されるが、これを断わって冀《き》州に脱出した。

一九〇年、関東各地に蜂起した豪雄たちとともに反董卓連合軍を結成、盟主に推されたが、曹操《そうそう》や孫堅《そんけん》が、積極果敢に董卓軍に挑むのをよそに、策をめぐらして盟友韓馥《かんふく》の地盤冀州を乗っ取るなど、勢力拡大をはかる。

参謀沮授《そじゅ》の献策をうけ、「河北に勢力をひろげ、天子を擁して天下に号令する」天下平定計画をもって、北方の雄公孫瓚《こうそんさん》と対決、これを倒して幽《ゆう》州、青《せい》州、幷《へい》州を取り、一大勢力圏を築く。

二〇〇年、袁紹は曹操の本拠地許都《きょと》を攻略しようと、大軍をひきいて黄河を渡った。出陣を前に、謀臣の沮授と田豊《でんぽう》が、曹操の実力を過小評価することの危険を説き、即決戦を避けて持久戦を取るよう献策した。

が、名門意識と実力の過信に溺れる袁紹は、これを容れず、真正面から力まかせの勝負を挑んだ。戦端が開かれてからも、参謀の許攸《きょゆう》が献策した許都急襲策を姑息だとして取り上げなかった。

そのため曹操軍の頑強な抵抗にあって、官《かん》渡《と》から一歩もすすめず、いたずらに戦力を消耗していった。

対峙すること半年、参謀の許攸が、袁紹を見限って曹操側に寝返った。再三の献策をしりぞけられたのに腹を立てたのである。許攸がもたらした情報によって、曹操は守りの手薄な輜重《しちょう》部隊を急襲、これで袁紹軍はたちまち総くずれとなった。

袁紹は長子の袁譚《えんたん》とただ二人、なにもかも放り出して黄河を渡り、かろうじて本拠に逃げ帰った。

やがて病を発し、敗戦から二年後、失意のままに死んだ。

「外は寛、内は忌にして、謀を好みて決なし」というのが、陳寿《ちんじゅ》の袁紹評である。見かけは寛容そうだが内心は疑り深く、陰謀好きだが決断力に乏しい、というのである。

官渡の大敗北で袁紹の命運は尽きる。
（官渡の戦い記念レリーフ）

後漢末

当代随一の残虐無道漢

董《とう》卓《たく》

〈生年不詳～一九二年〉

字は仲穎《ちゅうえい》、隴西《ろうせい》郡臨洮《りんとう》（甘粛省岷県）の人。後漢王朝を壟断《ろうだん》して、事実上の滅亡に追いこみ、三国時代の幕開けへの道を走った一世の梟雄《きょうゆう》。

およそ二十年にわたって地方官をつとめ、羌《きょう》族、胡《こ》族を討伐すること百余たび、いわば異民族鎮圧のプロとして活躍した。人並みすぐれた腕力の持ち主で、弓袋を馬の両側につけ、馳せながら左右の腕どちらからでも射ることができた。

一八九年、宦官《かんがん》誅滅のクーデターを起こそうとした大将軍の何進《かしん》が、董卓を洛陽に呼び寄せた。これを絶好の機会と見た董卓は、荒くれ軍団をひきいて都に向かう。途中、宦官どもに拉致されて洛陽郊外にいた少帝と陳《ちん》留《りゅう》王に出会い、ふたりを保護して洛陽に乗り込み、たちまち首都を制圧してしまった。

董卓の軍団は、殺人、婦女暴行、略奪と、ありとあらゆる蛮行を重ねて、洛陽の人々を恐怖のどん底におとしいれた。董卓は少帝を廃して陳留王を帝位（献《けん》帝）につけて、みずから太尉、相国の位にのぼり、何太后、少帝を毒殺し、霊《れい》帝の陵墓を暴いて宝物を奪い取るなど、その傍若無人ぶりは、とどまるところを知らなかった。

このため、袁紹《えんしょう》を盟主とする反董卓連合軍が結成され、東方各地で反撃ののろしが上がった。さすがの董卓もこれには恐怖をおぼえ、献帝を奉じ住民を追い立てて長安への遷都を強行したが、そのさい洛陽の金持ち数千人を無実の罪に落としてその財産を奪い、城中に火を放ってすっかり焼き払った。

また、長安の西の郿《び》城に本拠を築き、ここに三十年分の穀物を貯えて、「失敗しても、これだけ貯えがあれば、一生もちこたえられるぞ」と豪語したという。

こうした混乱のなかで、朝廷内でも董卓誅殺の計画が密かにすすめられた。司徒の王允《おういん》が、董卓の腹心呂布《りょふ》を抱き込むことに成功。献帝の快気祝いの日、参内してきた董卓を斬殺させた。一九二年四月のことである。

ちなみに小説では、王允が、美女の貂蝉《ちょうせん》に美人局《つつもたせ》をさせて呂布と董卓の仲を裂いたことになっている。「連環の計」でよく知られる場面だが、貂蝉は虚構の人物。ただ、正史「呂布伝」に、呂布は董卓の侍女と私通し、この侍女が発覚を恐れていたという記述があり、この侍女が貂蝉の原型になったようである。

董卓はでっぷり太った男だった。死体は市場にさらされたが、見張りの役人が、特大の灯心をつくって臍《へそ》に差し込み、火をつけたところ、膏《あぶら》を流しながら何日間も燃えつづけたという。

董卓が破壊し尽くした洛陽。だが仏教は生き残り唐代にさかえた。（洛陽・龍門の石窟の盧舎那仏）

後漢末

皇帝を僭称した男

袁《えん》術《じゅつ》

〈生年不詳〜一九九年〉

字は公路《こうろ》、汝南郡汝陽（河南省周口市）の人。司空をつとめた袁逢《えんほう》の子で、袁紹《えんしょう》の従弟に当たる。一説に、袁紹の異母弟ともいわれる。

かねて侠気のある人物として知られ、大将軍の何進《かしん》に取り立てられる。何進が宦官に暗殺されたあと、袁紹とともに部下を指揮して宮中に入り、宦官の大虐殺を行なった。

やがて都に乗り込んできた董卓《とうたく》によって、袁術は後将軍に任命されるが、袁紹らと同じく、董卓とかかわり合うことを恐れて都を脱出、南陽郡に逃れた。

一九〇年、反董卓の兵を挙げた群雄に呼応して、袁術も挙兵する。当時の群雄が、いずれも漢室補佐を大義名分としたなかで袁術だけは、当初から袁家による帝位簒奪《さんだつ》を目論んでいた。ところが、袁紹が皇族の劉虞《りゅうぐ》を帝位につけようと企てて、両者はするどく対立する。その後、袁術は南方の劉表《りゅうひょう》とも不仲となり、北方の公孫瓚《こうそんさん》と手を結んだ。いっぽうの袁紹のほうは公孫瓚と対立し、劉表と手を結んだ。

やがて袁術は、曹操《そうそう》の押さえる陳留を攻撃したが、袁紹の助けを得た曹操に反撃され、さんざんに打ち破られた。敗走した袁術は、そのまま九江に進み、揚州刺史の陳温《ちんおん》を殺してそこに居すわった。

皇帝を僭称する袁術、だが洛陽は遠い。

一九七年、「天命が袁術に下る瑞兆が現れた」と称して、袁術はとうとう即位を宣言、皇帝を僭称した。だが、好色、奢侈《しゃし》で野心のみ肥大していた袁術は、根本的に統治能力に欠けていた。

日を追って淫乱と奢侈の度がひどくなり、数百人もの後宮の女たちは、薄絹の衣装に身を飾り、米も肉も食べ余して捨てるほどだった。が、その一方で士卒は飢えと寒さに苛《さいな》まれ、袁術の支配領内はすべての食糧が食い尽くされて、人が人を食う惨状を呈していた。

袁術は、先に呂布《りょふ》と戦って敗れ、その後、曹操にも敗れて、配下だった雷薄《らいはく》らを頼っていった。ところが、かれらに受け入れを拒否され、三日間を無駄に過ごすうち、兵糧は底をついてしまった。やむなく袁紹を頼ろうと、軍を返して寿春《じゅしゅん》の北八十里のところにある江亭にたどり着いた。炊事係にたずねたところ、わずかにあるのは麦くず三十石というありさま。真夏の暑いさかりであった。

「蜂蜜が嘗めたい」と袁術は所望したが、もはやそれもないものねだり。しばらく肩で大きく息をついていたが、やがて自嘲の叫びを上げた。

「なんというざまだ。おれともあろうものが……」

とたんに、袁術は突っ伏すと一斗余りも血《ち》反吐《へど》を吐いた。それが最期であった。

三国志英雄列伝
乱世の群雄擡頭

後漢末

漢王朝に引導を渡した黄巾軍の指導者
張《ちょう》角《かく》
〈生年不詳〜一八四年〉

冀《き》州鉅鹿《きょろく》郡の人で、秦・漢にかけて黄老の術と呼ばれ流行した神仙思想を信奉した方士。琅邪《ろうや》の于吉《うきつ》（あるいは干吉《かんきつ》）が著した「太平経」や蜀の張陵が興した「天師道」などを取り入れて「太平道」を組織した。

呪術による病気治療と懺悔による精神的救済を主とした新興宗教の一種で、弟子たちを各地へ派遣して布教活動に当たらせること十数年、河北・河南・山東・安徽・江蘇・湖北など広大な地域に数十万の信徒を集め、三十六の支部を組織した。

支部は「方」と呼ばれ、構成員一万数千の「方」を「大方」、同じく六、七千の「方」を「小方」として、それぞれの「方」に「渠帥《きょすい》」と呼ばれる頭目をおいた軍団組織である。

張角はこの信徒軍団をもって漢の天下を滅ぼし、「太平道」による王国を打ち立てようと、決起の年を甲子《かつし》の年（一八四）と定めた。

蒼天　已に死し、黄天　当に立つべし
歳は　甲子に在りて、天下　太平ならん

信者の間に革命のスローガンをひろめた。都洛陽の役所の門や地方官衙《かんが》の門には白粘土で書かれた「甲子」の二字が現れた。

最高幹部の馬元義《ばげんぎ》は荊《けい》・予《よ》二州の信徒数十万を鄴《ぎょう》（河北省臨漳）に集めて主力軍とし、しばしば上京して主立った宦官を買収、内応の約束を取り付けたうえ、三月五日を決起の日と定めたが、この一月、腹心の弟子が宦官封諝《ほうしょ》宛の密書をもって自首したために発覚、馬元義は斬られた。

黄巾軍は泰山一帯にも勢力を拡大した。

張角は各地へ急使を走らせ、急遽、蜂起を指令した。蜂起軍の目印は額に巻いた黄色い布。それで彼らは「黄巾賊《こうきん》」と呼ばれた。

張角は二月、自ら天公将軍を名乗り、弟の張宝《ちょうほう》を地公将軍、張梁《ちょうりょう》を人公将軍として挙兵し、各地の信徒軍団も十日足らずの間に相次いで蜂起、三月には南陽太守を、四月には幽州の刺史や太守を殺して気勢を挙げた。

三月、朝廷は北中郎将盧植《ろしょく》・左中郎将皇甫《こうほ》嵩《すう》・右中郎将朱儁《しゅしゅん》の三人に黄巾軍討伐を命じた。

潁川《えいせん》郡で蜂起した黄巾軍の頭目波才《はさい》は緒戦で朱儁軍を破り、長社県城に皇甫嵩軍を包囲するなど善戦したが、逆に焼討ちにあって惨敗、斬られた。

張角は張宝・張梁とともに鉅鹿郡で官軍と戦ったが、連戦連敗のすえ広宗県城へ敗走する。十月、張梁が斬られ、十一月には張宝も曲陽城で斬られて壊滅した。張角はこの間に病死した。

「黄巾の乱」は一応終息したが、乱後、各地の地方長官が軍閥化し、権威を失墜した漢王朝は滅亡へ向かった。

その漢王朝へ弔鐘を鳴らしたのが、張角が指導した「黄巾の乱」だった。

後漢末

節操なき裏切り人生

呂《りょ》布《ふ》

〈生年不詳〜一九八年〉

字は奉先《ほうせん》。五原郡九原県（内蒙古自治区包《ほう》頭《とう》市）の人。並みはずれた腕力の持ち主で、とりわけ弓馬の術にすぐれ、前漢の名将李広《りこう》になぞらえて「飛将」と渾名《あだな》された。

はじめ并《へい》州刺史の丁原《ていげん》に仕えたが、洛陽に乗り込んできた董卓《とうたく》側に寝返り、丁原の首を手土産にして、中郎将となり、都亭侯に封ぜられて、董卓とは父子の契りを結ぶほどの仲となった。ところが、董卓が腹立ちまぎれに槍を振るったこと、董卓の侍女と私通していたことなどがあって董卓に恨みを抱き、おりから董卓誅殺を計画中の司徒王允《おういん》に荷担、宮中で董卓を斬殺した。

その功により、一時は朝廷で三公なみの権力をふるったが、李傕《りかく》、郭汜《かくし》ら董卓の部下に逆襲されて長安を脱出、以後、各地を転々と流浪することになる。

最初、南陽の袁術《えんじゅつ》を頼ったが拒否され、冀《き》州の袁紹《えんしょう》に身を寄せた。ここで黒山《こくざん》軍の平定に活躍したものの、その横暴ぶりに手を焼いた袁紹に寝込みを襲われ、辛うじて逃れる。

ついで陳留郡太守の張邈《ちょうばく》が曹操《そうそう》の留守を衝いて謀叛を起こすと、兗《えん》州の牧として迎えられ、州の大半を奪い取って曹操を窮地に追い込んだ。

虎のように勇猛だった呂布。（沛にある呂布の射撃台）

だが、一九五年、定陶《ていとう》の戦いで曹操に大敗を喫し、徐州の劉備《りゅうび》のもとに走った。

翌年、劉備が袁術と戦うあいだに、劉備の本拠下邳《かひ》を急襲して、こんどは徐州の牧（地方長官）を僭称した。袁術の甘言に応じたためだが、袁術が約束を守らないため、ふたたび劉備と手を結んだ。

一九八年、またも袁術側について沛《はい》城を急襲、劉備を曹操のもとに追いやった。ついに曹操はみずから征討に立ち上がり、呂布を包囲して水攻めにした。

遠征軍の疲れを衝いて城外に出て戦え、という参謀役陳宮《ちんきゅう》の進言にもかかわらず、妻に反対されて攻撃に出ず、ずるずると籠城をつづけるうちに、最後は部下から見放されて、降伏を余儀なくされた。

曹操の前に引き据えられた呂布は、「わしの武勇を用いれば、天下平定はたやすい」と自分を売り込んだ。曹操は一瞬、迷いを見せたものの、「この男がかつて丁原に仕え、董卓に仕えていたことをお忘れか」との劉備の一言で、処刑を命じた。

陳寿《ちんじゅ》は、呂布をこう評している。

「たけり狂った虎のように勇猛な男だったが、策謀に欠けるうえ尻軽で狡賢《ずるがしこ》く、裏切ってばかりいた。目先の利益だけを追ったのである。古来、こんなふうに振る舞って破滅しなかったためしはない」

後漢末

優柔不断な漢皇族の末裔

劉《りゅう》 表《ひょう》

〈一四二～二〇八年〉

字は景升《けいしょう》、山陽郡高平（山東省魚台県）の人。前漢景《けい》帝の子である魯《ろ》の恭王の末裔。身の丈八尺余り、温顔で威厳があったというが、「典雅な学者風の外見とは裏腹に、内心は猜疑心の強い男であった」とも、正史には記されている。

若いころから儒者として知られ、「党錮《とうこ》事件」のさいには、一味として追及されたが、身を隠して逃げおおせた。大赦があって後、荊《けい》州の刺史に任命される。

当時、荊州には群小豪族が割拠し、それぞれ軍勢を率いて朝廷の命に従わず、また淮南《わいなん》の豪雄袁術《えんじゅつ》も同地への進出を企んでいた。

そこで劉表は、同地屈指の豪族に協力を求め、主立った頭目どもを利をもって誘い寄せると順に斬って捨て、その部下たちを配下に組み入れたり、部将に取り立てた。こうして、荊州全域を支配下においたのである。

一九二年には、袁術軍の先駆けとして攻撃してきた孫堅《そんけん》を討ち取り、袁術の野望をくじき、荊州の基礎を築いた。武装兵十万に守られた荊州は、中原の戦乱の影響をこうむることなく、暫時の安定を保つことができたので、当時、世に知られた儒者たちは戦火を避けて荊州に流入していった。その数は千名を越えたといわれる。

「官渡《かんと》の戦い」を前に、かねて誼《よしみ》を結んでいた袁紹《えんしょう》から援軍を求められるが、曖昧な態度に終始し、かといって曹操《そうそう》に与《くみ》するでもなかった。参謀の韓嵩《かんすう》が進言する。

「このたびの両雄の対決は、将軍にとっては漁夫の利を占める絶好の機会、もしその志がないのなら曹操に加担すべきです」

他の臣下も口を揃えて勧めた。が、劉表はためらうばかりで決断を下せず、とりあえず韓嵩を許都《きょと》につかわし、曹操側の内情を探らせただけであった。このときの劉表の優柔不断ぶりを、「狐疑して断ぜず」と史書は、表現している。

二〇七年、曹操が烏丸《うがん》征伐のため北征したとき、荊州に身を寄せていた劉備《りゅうび》が、

「今こそ曹操の息の根を止めるまたとない機会ですぞ」

と手薄になった許都を襲うようすすめたが、このときも、劉表は兵を起こそうとしなかった。そのくせ、曹操が目的を果たして帰還すると、いまさらながら悔やんだものだった。

「貴公の言ったとおりにしなかったばかりに、千載一遇の好機をみすみす取り逃がしてしまったな」

次子の劉琮《りゅうそう》を愛し、長子の劉琦《りゅうき》を疎遠にしたために後継争いが生じ、十五年間も苦心して経営した荊州は、かれの死後、劉琮の代になって戦うこともなく曹操に奪われた。

戦乱をのがれ、人々が流入した荊州城。

後漢末

兄弟喧嘩で一族滅亡

袁《えん》 譚《たん》

〈生年不詳～二〇五年〉

字は顕思《けんし》、汝南汝陽（河南省商水）の人。袁紹《えんしょう》の長子。曹操《そうそう》との一大決戦である「官渡の戦い」では、父に従って出陣する。が、敵の奇襲攻撃にあって味方が総崩れになったさい、父とただ二人、なにもかも打ち捨てて黄河を渡って本拠地に逃げ帰った。

この敗戦から二年後、袁紹が失意のうちに死ぬと、袁譚と弟の袁尚《えんしょう》のあいだで後継者の地位を巡って争いが起った。

袁紹の妻劉氏は、つねづね袁尚を可愛がり、袁紹もまた袁尚が美貌であったことから、後継者にしようと考えていたが、公表する前に死んだ。このため、臣下の間で袁譚派と袁尚派にわかれて派閥争いが起こった。年長の袁譚を立てるべきだとの声のなかで、袁尚派の審配《しんぱい》、逢紀《ほうき》らは、袁譚を立てれば自分らが迫害されることを恐れ、袁紹の遺志だからといって袁尚を後継者に据えたのである。以来、兄弟はなにかといがみ合うようになった。

曹操が袁氏兄弟討伐のため軍を起こしたとき、黎陽《れいよう》に陣をおいていた兄は、弟に増兵を要求したが聞き入れられなかった。さらに曹操軍が黄河を渡って攻めかかってきたため、兄は弟に危急を告げる。

弟は援軍を送ろうと思ったものの、その軍勢をそっくり兄に奪われてしまうことを恐れた。そこでみずから兵を率いて出陣、黎陽で曹操軍と戦ったが敗北を喫し、夜陰にまぎれて逃亡する羽目となった。

袁尚との兄弟喧嘩で自滅。（現在の青州市）

これが兄弟の仲を決定的なものにした。曹操が兵を引き揚げた後、兄弟はたがいに兵を起こして攻撃しあうようになったのである。両者の戦いは兄が敗れ、平原の地に逃亡した。これを追撃した弟は、平原を包囲する。と、兄は、仇敵の曹操のもとに使者を派して救援を要請したのである。

曹操が要請をいれて兵を返すと、袁尚は包囲を解いて本拠の鄴《ぎょう》に戻って守りを固めた。袁譚は、曹操が鄴を攻めている隙をついて、甘陵・安平・渤海《ぼっかい》・河間を奪い取ったうえ、弟を攻撃、これを敗走させてその軍勢を手中におさめた。

二〇五年、袁譚は南皮城に立てこもったが、曹操に包囲される。必死の抵抗をこころみたが、ついに城は陥落、袁譚は逃亡しようとしたが捕らえられて斬り殺された。

いっぽう袁尚は、部下にも裏切られて遼西の烏丸《うがん》へ逃亡、二〇七年、曹操が烏丸を攻撃すると、烏丸族とともに応戦したが敗れて、遼東の公孫康《こうそんこう》のもとに逃げ込んだ。

ここで公孫康をだまし討ちにして遼東を支配下におさめようともくろんだものの、逆に会見の場で伏兵に縛り上げられ、首をはねられた。袁尚の首は、曹操のもとに送り届けられた。

後漢末

劉備入蜀を無抵抗でむかえる

劉《りゅう》璋《しょう》

〈生年不詳～二一九年〉

字は季玉《きぎょく》、江夏郡竟陵《きょうりょう》（湖北省潜江県）の人。父劉焉《りゅうえん》の後を継ぎ益《えき》州の牧（地方長官）となった。漢の皇族の末裔だが、曹操《そうそう》からは、「死んでも主人の門を離れぬ番犬のような男」と酷評され、また諸葛亮《しょかつりょう》も、「天下三分の計」を述べたさいに、「闇弱にして大業を立てる人物ではない」と評している。

曹操が張魯《ちょうろ》討伐の兵を起こすとの噂に、「漢中が平定されれば、つぎは蜀《しょく》が狙われる」と、劉璋が不安に駆られていると、その様子をみた部下の張松《ちょうしょう》が、

「劉備を味方に引き入れ、先手を打って張魯を討伐させることです」

と進言した。じつは、張松は法正《ほうせい》とともに、惰弱な劉璋に飽き足らず、劉備を蜀の主に迎え入れようと画策していたのだが、それに気づかぬ劉璋は、反対意見をおさえて、劉備を迎え入れた。

入蜀後、劉備は北方の漢中防衛に赴くふりをしつつ機会を待ち、やがて兵を劉璋のいる成都《せいと》に向けた。法正、張松の思惑と劉備の真意をようやく悟った劉璋は、各所の関を固めたが、つぎつぎと落とされて成都に迫られる。

二一四年夏、劉備は荊州から呼び寄せた諸葛亮らの援軍と合流して、成都を包囲すること数十日。一方、城内には物資、食糧とも一年分以上の貯えがあり、立てこもった精兵三万の士気も盛んで、徹底交戦の意志を固めていた。ところが、劉璋は、

「わしは父子二代、二十有余年にわたって、この州を治めてきたが、領民にこれといった善政を施すことがなかった。とりわけ、この三年間は戦争遂行のため、国中に犠牲をしいてきたが、もとはといえば、わしが不徳だったからこそだ。これ以上、人々に苦労を押しつけるのは忍びがたい」

と言って、城門を開け放ってあっさり降伏した。涙を流さぬ臣下はひとりもなかった。その後は荊州南郡の公安に領地を与えられたが、二一九年、孫権が荊州を奪取したあと、益州牧の称号を与えられて秭帰《しき》に住んだ。

正史の著者陳寿《ちんじゅ》は、劉璋について、以下のような評価を下している。

——璋の才、人雄にあらず。而《しか》るに土に拠りて世を乱り、負い乗りて寇を致す。自然の理なり。その奪い取らるる、不幸にはあらざるなり。

「劉璋は人の上に立てる資質ではなかった。にもかかわらず独立割拠して世を乱し、身のほども忘れて攻撃の的になったのは、当然である。身ぐるみ剝がれたのも、運がなかったせいだとはいえない」

というのである。

法正、張松が見限った漢の末裔。往事がしのばれる富楽堂。

後漢末

自壊した白馬将軍

公孫《こうそん》瓚《さん》

〈一五二〜一九九年〉

字は伯珪《はくけい》、遼西郡令支（河北省遷安県）の人。後漢末の群雄の一人。若いころ、凜々しい容姿、晴朗な音声などが郡太守に気に入られて娘をめあわされ、盧植《ろしょく》のもとに遊学に出される。弟弟子に劉備《りゅうび》がいた。

帰郷後、遼東属国の長史に任命され、鮮卑《せんび》、烏丸《うがん》など異民族との戦いで勇名を馳せた。

異民族との戦闘ではいつも白馬に乗って戦い、敵を追って矢を放てば百発百中、疾走する敵を生け捕りすることもしばしばだった。異民族たちは、「白馬を避けよ」と注意しあったという。かれらが白馬を恐れていると知って、公孫瓚は白馬ばかり数千頭を揃え、騎射の巧みな兵をえり抜いて精鋭部隊を組織し、「白馬義従（義によって従う者）」と名づけた。

ところが朝廷は、異民族に対するこれまでの方針を変更、劉虞《りゅうぐ》を幽州刺史に任命して懐柔策を取らせたのである。公孫瓚は、当然これに反対したばかりか、さかんに妨害工作に出たため、両者は次第に敵意を募らせていった。

董卓《とうたく》が洛陽を制圧したのをきっかけに、中原一帯が戦乱の時代を迎えると、公孫瓚は青州の黄巾討伐で大きな戦果をあげ、北方にあって独自の勢力を築いていった。

一九二年、従弟の公孫越《こうそんえつ》が袁紹《えんしょう》に殺されたことに怒って、公孫瓚はみずから兵を率いて袁紹軍と対決、一気に踏みつぶそうと、騎兵を繰り出したが、敵の強弩隊の逆襲にあってさんざんに打ち破られた。

中原の戦乱のなか地方で勢力を築く公孫瓚。
虎牢関で黄河に臨む。

その翌年、一触即発の状況にあった劉虞が先制攻撃を仕掛けてきたが、このときは反撃に出て打ち破り、宿敵の劉虞を追い詰めて斬り殺した。

その後、劉虞の元の部下たちが、袁紹軍と合流して攻めかかってきたため、公孫瓚軍は敗北を重ね、ついに易京《えきけい》に逃げ帰った。ここで戦略を転換、易京の防衛を固めて徹底的な籠城作戦を取ることにした。

城の周囲に十重の塹壕を掘りめぐらし、その内側に楼閣を建てて穀物三百万石を蓄え、こう豪語した。

「ここの守りは鉄壁だ。これだけの穀物を食い尽くすころには、天下の形勢も定まっていようというものだ」

一九九年、袁紹は大軍を発して、易京を包囲した。城内に向かって地下道を掘り進め、ついに楼閣の真下に達すると、次に上へ向けて掘り、支柱を立て、掘り進めては木を継いでいく。

やがて土台の半分ほど空洞にしたところで、支柱に火を放つ。支柱が焼け落ちると、楼閣はぐらりと倒れた。敗北を悟った公孫瓚は、妻子を殺して自害した。

後漢末

宦官だった曹操の祖父

曹《そう》騰《とう》

〈生没年不詳〉

字は季興《きこう》、沛《はい》国譙《しょう》県（安徽《あんき》省亳《はく》州市）の人。曹操の祖父に当たるが、血の繋がりはない。曹操の父・曹嵩《そうすう》が曹騰の養子になったのである。曹騰は、後漢の第六代安《あん》帝（在位一〇六～一二五年）のとき、黄門従官（後宮の小姓）として召し出された。

第八代順《じゅん》帝がまだ太子のころ、年少ながら真面目で温厚な人柄が鄧《とう》太后の目にとまり、太子の学友に抜擢されて、とりわけ可愛がられた。やがて順帝が即位すると、小黄門に取り立てられ、さらに中常侍（寝殿侍従）に昇進した。

第十一代桓《かん》帝が即位するについては、曹騰も陰ながらあずかって力があったが、その経緯はこうである。

第十代質帝の死後、だれを帝位につけるかで、朝廷では「清流」派官僚と大将軍梁冀《りょうき》らの外戚一派とが激しく対立した。相方ともにその場を守るべく、必死の攻防があった。

「清流」派は、かねて英明の評判が高い清河王劉蒜《りゅうさん》を推し、これに対して梁冀は、自分の妹の婚約者で十五歳の蠡吾《れいご》侯劉志を推して譲らない。

会議の大勢は梁冀側に不利なまま、いったん打ち切られた。

もの別れに終わったその夜、憤懣やるかたない梁冀のもとを、曹騰はひそかに訪れたのだ。

曹騰は以前、清河王に拝謁したさい、軽く扱われたことを根にもっていたのである。曹騰は言った。

「あなたさまは、歴代の外戚として国政万端を切りまわされ、多くの人を使ってこられました。そのなかには、脛に疵を持つものもけっして少なくありません。清河王さまは厳格英明なお人柄ゆえ、もしも帝位につかれましたならば、たちまちにして、あなたさまに禍が降りかかることは必定です。ここはなんとしても劉志さまをお立てしなければなりません。さすれば富貴を長く保つことができましょう」

この一言で、梁冀は断固たる決意を固めた。翌日、会議が再開されると、梁冀は激しい気迫で会議を押しまくった。

はじめは清流派を支持していた人々も、恐れをなして沈黙し、「大将軍一任」という空気となった。

最後に、梁冀は大声で怒鳴った。

「これにて閉会！」

こうして桓帝を誕生させたのであった。

曹騰はその功績によって費亭侯に封ぜられ、官職は大長秋（皇后侍従長）に進んだのであった。

曹騰が死んだあと、家督は養子の曹嵩が継いだ。宦官《かんがん》は一代限りのものであったが、一三五年、順帝によって、すべての宦官に養子襲爵が認められたのである。

曹嵩は、霊帝が官職を売り出したさいに、宦官に賄賂を贈り、さらに霊帝の離宮に一億銭を献上して、太尉の地位を買ったといわれている。

のちに曹操が天下に知られると、しばしば浴びせられる悪口に、

「入り婿・宦官の子孫で、父親は金銀財宝を権門にばらまいて三公の位を盗んだ」

とあるのは、こうした祖父と父の行状に由来している。

後漢末

「義舎」を設けた五斗米道の教祖
張《ちょう》魯《ろ》

〈生没年不詳〉

字は公祺《こうき》、沛国豊（江蘇省豊県）の人だが、祖父の張陵《ちょうりょう》のとき、沛から蜀の地に流れてきた。張陵は、山に籠って神霊道の修行を積み、その教えを書物にして多くの人々の心を捉えていった。

帰依するものがあると、五斗の米を差し出させたので、世間では、この教えを「五斗米道」とか「米賊」と呼ぶようになった。張魯はその教統を継いで、人々を教導した。

この教団独特のものとして、「義舎」という制度があった。無料宿泊所を設けて旅人の面倒を見るのである。

「義舎」のなかには「義肉」「義米」が備えてあり、旅人は自分の腹加減に応じて好きなだけ食べてよい。

しかし必要以上に取ったものには、神霊の罰がくだってたちまち病気になる、とされる。

小さな罪を犯したものは道路を百歩だけ補修すれば許す、飲酒を禁ずるなど、官吏はいっさい置かず、これらのことはすべて信者たちが責任をもって取りおこなったので、人々は、この地の異民族も含めて、喜んで従っていた。

こうして、ほぼ三十年にわたってこれを維持した。僻遠の地でもあり、漢王朝としては黙認するほかなく、張魯を鎮南中郎将・漢寧太守に任じて年に一回、貢納の義務を課すだけにとどめておいた。

二一五年、曹操《そうそう》が討伐の軍を進めると、張魯は抵抗せずに降伏しようとしたが、弟の張《ちょう》衛《えい》が頑強に反対したため、数万の兵を陽平関に集中して防備を固めた。

漢中に「五斗米道」の独立王国を築く。
（写真は古虎頭橋碑）

曹操はここを攻め破り、それから蜀の地に進撃しようとしたのだが、思いのほか手こずり味方に死傷者が続出したため、軍に引き揚げ命令を発した。

ところが、取り残された先鋒部隊が道に迷って敵陣に入り込むという、敵味方とも予期せぬ事態が起こった。

これに肝を潰したのは守備兵ら、後をも見ずに遁走した。この僥倖によって、曹操は、要害の陽平関を手中にすることができたのであった。

かくして張魯は、城を捨てて巴中《はちゅう》に落ち延びることになった。このさい城内の宝物庫を焼き払っていくよう進言されたが、張魯は、首を振った。

「わしはもともと国家に反逆する気はなかった。財宝はすべて国家のもの、お返しするのが当然だ」

と、庫に封印して立ち去った。

曹操は、この話を聞いて感服し、部下を派遣して説得に当たらせ、張魯が山を下りてくると、みずから途中まで出迎えた。

張魯は改めて鎮南将軍に任命され、閬中《ろうちゅう》侯に封ぜられて、一万戸の封地を与えられるという破格の待遇を受けた。

三国志英雄列伝
乱世の群雄擡頭

後漢末

曹操を虚仮《こけ》にした名士

孔《こう》融《ゆう》

〈一五三〜二〇八年〉

字は文挙《ぶんきょ》、魯国曲阜《きょくふ》（山東省曲阜県）の人。孔子の第二十代目の子孫に当たる。幼いときから聡明で、一族の者から将来を嘱望された。

司徒の楊賜《ようし》と大将軍何進《かしん》の招聘を受け、三十八歳のとき、北海国の相（執政官）に任じられた。在任中の六年間、孔融は、自分はどんな俊傑も及ばないほど才があり、知においても一世に抜きんでている、と自負していた。が、役人としての実務能力は、はなはだ疑問だった。一風変わった人物を好んで軽薄な者ばかりを任用し、学問のある人物も迎えはしたが、それはうわべを飾るためで、ともに国事を論ずることはなかった。役所から出される訓令は、まことに高邁なもので、読む限りではうっとりするほどの出来ばえだが、実際のところ実行不可能なものばかりだった。

法体制も不備なところはなに一つなかったが、いざ施行するとなると、きわめて杜撰《ずさん》だった。租税の徴収が少しでも滞ると、担当者を有無をいわさず処刑したりしたが、そのくせ闇商人や不正役人が市場を混乱に陥れても、取り締まることもできなかったという。

こうした失政つづきのところに、黄巾軍の襲来を受ける。孔融は、居城を奪われたばかりか、部下につぎつぎ逃亡され、ついには側近にも見放されて北海国を放棄する羽目になるのであった。

一代の俊傑も最大の実力者曹操に処刑される。孔融の墓跡といわれる一帯。

その後、孔融は平原国の相であった劉備《りゆうび》の推挙で、青《せい》州刺史に任じられたものの、まもなく袁譚《えんたん》の攻撃を受ける。敵に完全包囲され、雨のごとく矢を射込まれるなか、孔融は床几にゆったりと腰を下ろし、顔色一つ変えずに読書や議論に明け暮れていた。城壁が壊れ味方が逃げ散ってから、身一つで山東へ逃げたが、後に残された家族は捕虜となった。

一九六年、曹操《そうそう》が献帝を許都に迎えると、孔融は呼び戻されて少府（宮内長官）に昇進した。が、曹操の献帝擁立の真意を悟った孔融は、以来、曹操のやることなすことに非難を加えた。

当時は飢饉と戦争が打ちつづいたため、曹操が禁酒令を出したときのこと、孔融は、こういってからかった。

「天には酒旗の星、地には酒泉の地、人には美酒の徳があります。堯帝《ぎよう》も、千杯の酒を飲まなかったらその聖徳を完成できなかったでしょう。だいいち桀《けつ》と紂《ちゆう》は女色によって国を滅ぼしたのです。いま、酒を禁じて婚姻を禁じないのは、片手落ちではありませんか」

曹操は、しだいに孔融に対する憎しみを募らせていったが、相手は当代の名士である。うわべは容認していたものの、曹操の胸のうちを読み取った男が、孔融を弾劾《だんがい》したため、ついに獄に繋ぎ、市場で斬罪に処した。ときに五十六歳、妻子も連座して処刑された。

後漢末

仇敵の曹操に加担

張《ちょう》繍《しゅう》

〈生年不詳～二〇七年〉

武威郡祖厲《それい》（甘粛省靖遠県）の人。後漢末の群雄の一人で、驃騎将軍張済《ちょうせい》の甥に当たる。涼州で辺章《へんしょう》と韓遂《かんすい》が反乱を起こしたとき、その一支隊を討って名を挙げた。叔父の張済が穣《じょう》を攻撃したさい、流れ矢に当たって戦死したため、その軍勢を引き継ぎ、南陽の宛《えん》に駐屯して、劉表《りゅうひょう》と合流した。

曹操《そうそう》が南征の軍を起こしたとき、張繍は配下の軍勢とともに曹操に降伏した。だが、曹操が張済の妻を側妾にしたため、これに怨みを抱いた。張繍が怨んでいることを知った曹操は、ひそかに張繍殺害計画をめぐらしたが、張繍はこれを事前に察知し、曹操の不意を襲った。

このとき曹操は流れ矢に当たって負傷したばかりか、長男の曹昂《そうこう》と従弟の曹安民《そうあんみん》を殺されるという打撃をこうむった。

その後、張繍は、穣にもどって守備をかため、再三にわたる曹操の攻撃を防いだ。

「官渡の戦い」を前にして、張繍のもとに袁《えん》紹《しょう》からの使者がやってきた。ともに曹操を討とうというのである。張繍は応諾するつもりだったが、その席に賈詡《かく》があらわれ、使者にこういいわたしたのである。

「帰国して、袁紹どのに断ってもらいたい。兄弟（袁術）さえ受け入れない者が、どうして天下の国士を受け入れられようか、とな」

袁紹より弱少であった曹操に味方
する張繍が武功をたてた許昌の跡。

あわてて張繍がさえぎったが、もう手遅れである。やむなく賈詡にはかった。

「かくなるうえは、だれにつけばよいのだ」

「曹公に従うまでのことです」

「だが、袁紹は強く、曹操は弱い。そのうえ曹操とは仇敵の間柄だ。かれにつくのは、うまくないぞ」

「いや、それこそ曹公に従う理由です。第一に、曹公は天子を奉じて天下に号令しています。第二に、袁紹は強盛を誇っている。こちらがわずかの手勢で従ったのでは、大事に扱われないに決まっています。これにくらべ曹公のほうは兵力が劣っている。われわれが馳せ参ずれば、歓迎されること請け合いです。第三に、曹公には覇王の志があります。その器量からして、過去の私怨などすぐに放棄して、徳を天下に表わそうとするでしょう。ご心配は無用ですぞ」

賈詡のこの進言があって、張繍は手勢とともに曹操の配下に入ったのである。

張繍が到着すると、曹操はその手を取って喜び、揚武将軍の位を授け、張繍の娘を息子曹均《そうきん》の嫁とした。

官渡の戦いにおいて、張繍は力戦し武功を立てて破羌《はきょう》将軍に昇進、さらに南皮城での袁譚討滅作戦にも活躍して異例の加増を受けた。

後漢末

劉備に徐州を譲った男

陶《とう》謙《けん》

〈一三二〜一九四年〉

字は恭祖《きょうそ》、丹陽郡（安徽省宣城《あんき》）の人。後漢末の群雄の一人。黄巾の乱が起こったとき、徐州刺史に任じられて賊と戦い、これを撃退した。

当時、徐州は豊かで穀物もあり余るほどだったので、故郷を追われた人たちが多く身を寄せていた。が、陶謙には民を正しく導く能力はまるでなく、ために、この地もしだいに混乱状態におちいっていった。

一九三年、徐州の下邳《かひ》で、手勢数千を率いる闕宣《けっせん》という男が天子を僭称すると、この挙兵に陶謙までが荷担し、兗州《えん》の泰山郡に攻め込み、さらに同州の任城《じんじょう》国を攻略する勢いを見せた。

同年秋、曹操《そうそう》はこれに反撃すべく軍を徐州にすすめ、十余城を攻め落とした末、下邳の西、彭《ほう》城で陶謙軍と激突、これを敗走させた。

この戦いで陶謙側は死者数万を出し、そのため彭城のかたわらを流れる泗水《しすい》が死体でうずめ尽くされ、水の流れが止まったほどだった。敗走した陶謙は同州の郯《たん》城に立てこもった。曹操軍は、兵糧が乏しくなったため、翌年の春、いったん徐州から引き揚げた。

じつは、この戦いは、曹操にとっては親の仇討ちでもあった。父親の曹嵩《そうすう》は、官職を退いたあと、故郷の譙に帰って隠居生活を送っていたが、その後、董卓の兵乱が起こったため、琅邪国に難を避けた。

父親を殺され怒った曹操の
猛攻に陶謙は徐州を手放す。

しかし、それがかえって仇となり、陶謙の手にかかって殺されてしまったのである。

同年の夏、曹操は本拠地の留守を荀彧《じゅんいく》、程昱《ていいく》の二人にゆだねて、ふたたび陶謙征討に出た。五城を攻略し、東海郡まで突き進んだあと、軍を返して陶謙の拠る郯城付近を通過した。陶謙側は曹豹《そうひょう》と劉備《りゅうび》がこれを阻止しようとはかったが、曹操はたちまちこれを撃破した。劉備は陶謙の求めに応じて、徐州に駆けつけていたのである。

このときの劉備の軍勢といえば、生え抜きの手勢千余りだったが、徐州につくと、陶謙は丹陽の兵四千をさいて劉備に与えたのであった。

曹操の猛攻に恐れをなした陶謙は、本拠に逃げ帰ろうとしたが、曹操軍が急遽、引き揚げを開始したため、窮地を脱することができた。曹操の突然の撤兵は、留守を呂布《りょふ》に奪われそうになったからであった。

ほどなく陶謙は病気が重くなり、巡察官の糜竺《びじく》にこう遺言して死去した。

「この徐州をまかせられる人物は、劉備のほかにいない」

糜竺は州の役人を代表して、劉備を刺史に迎えようとした。劉備は、その任ではない、といって再三辞退したが、人々のたっての要請で、ようやく徐州を引き受ける。

後漢末

皇帝に擬せられた男

劉《りゅう》虞《ぐ》

〈生年不詳～一九三年〉

字は伯安《はくあん》、東海郡郯《たん》県（山東省郯城）の人。東海恭《きょう》王（光武《こうぶ》帝の子）の子孫であったが、漢王朝衰退の世に生まれ合わせ、時の皇帝と血縁が遠かったため、最初、県の下級役人になった。

品行方正で職務に忠実なところを買われて郡の役人に転出、やがて孝廉に推薦され、朝廷にあがって近習となった。

それからはとんとん拍子に出世して、幽州刺史から甘陵の執政官に転じ、東方の異民族政策で相手側の信頼を得て、大いに功績を上げた。

董卓《とうたく》が朝政を独裁し、少帝を廃して陳留王（献帝）を立てると、これに対抗するため、袁紹《えんしょう》が劉虞を皇帝に擁立しようともくろんだ。皇族のうち、いちばん人望があるというのがその理由だった。

袁紹は、この劉虞擁立計画を曹操《そうそう》や従弟の袁術《えんじゅつ》にも打ち明けたが、どちらからも賛同は得られなかった。

それでも袁紹はあきらめずに、劉虞のもとに使者を派遣して、非公式の打診をおこなった。劉虞は、

「国には正統というものがあり、臣下たるものの口にすべきことではない」

といって、あくまでも辞退した。そして、匈奴《きょうど》の地に身を投じて、この計画と縁を切ろうという決意を示したので、袁紹はさすがに諦めざるを得なかった。

しばらくして劉虞は、新たに幽州の牧に任命される。漢の朝廷は、これまで異民族に対して強硬路線を取ってきたが、ここにきて方針を百八十度転換して、もっぱら懐柔策を取ることにした。

そのため、かつて恩沢を施して異民族の受けがいい劉虞を起用したのである。

これに反発したのが、遼東属国の公孫瓚《こうそんさん》である。公孫瓚は、若い時に、劉備とともに盧《ろ》植《しょく》のもとで学んだ人物である。地方豪族のひとりとして、かれの異民族に対する考えはこうである。

「やつらが服従しないのならやっつけるまでだ。褒美などやったりしたら、かえって増長して漢を侮るだけではないか。百年の計を誤る行為だ」

そこで、劉虞が異民族に贈り物を届けようとするたびに、公孫瓚は途中でそれを奪い取った。こうしたことから、両者はしだいに憎しみを募らせていった。

やがて公孫瓚は、北方に野心を抱く袁紹と戦って敗れた。

劉虞は、この機に乗じて公孫瓚に武力制裁を加えようと考え、秘密裡に行動を起こして公孫瓚を襲撃した。

が、劉虞の軍は、編成もいい加減で、まともな訓練を受けたこともない。逆襲されてさんざんに敗れ、居庸《きょよう》へ敗走した。公孫瓚は息をつかせず追撃し、劉虞を家族もろとも捕らえて引き揚げた。

公孫瓚は劉虞を市場でさらし者にして毒づいた。

「おまえが天子になるだと？　それなら天が助けてくれるはずだ。雨が降ったら、天意だと認めてやるぞ」

折から真夏のかんかん照りで、終日、雨は降らなかった。こうして、ついに劉虞は殺された。

後漢末

漢王朝四百年の幕引き

献《けん》帝　劉協《りゅうきょう》

〈一八一～二三四年〉

後漢の末代皇帝。霊《れい》帝の次子。生母の王美人が何《か》皇后に毒殺されたため、董《とう》太后に育てられた。一八九年、霊帝劉宏《りゅうこう》（在位一六八～一八九）の死と兄の少帝劉弁《りゅうべん》の即位にともない陳留王に封ぜられた。

同年、董卓《とうたく》に擁立され、兄の少帝劉弁に代わって九歳で即位。董卓が王允《おういん》・呂布《りょふ》に暗殺された後、その部将李傕《りかく》・郭汜《かくし》らの専政下に置かれたが、一九五年、李傕・郭汜の乱に乗じて貴妃董氏の父親董承《とうしょう》らに守られて長安を脱出した。一九六年七月、洛陽に帰ったが、城内は長安遷都（一九〇）のさいに董卓に焼き払われていたため、八月、兗《えん》州刺史曹操《そうそう》に迎えられて許県（予《よ》州潁川《えいせん》郡。現、河南省許昌市）に移った。

以来、宮中は曹操の監視下に置かれることになったので、二〇〇年、車騎将軍董承・偏将軍王服《おうふく》・越騎校尉种輯《ちゅうしゅう》に曹操暗殺の密詔を下したが、発覚して董承らは殺され、献帝の子を懐妊中だった董貴人も殺された。

伏皇后は曹操の非情を恐れてその暗殺を父親の伏完《ふくかん》と密謀していたが、伏完が事前に死んだ後、二一四年十一月にいたってこの陰謀が発覚、伏皇后と一族百余人が殺された。皇后が生んだ皇子二人も含まれていた。翌年正月、貴人曹氏が皇后に立てられた。曹氏は曹操の娘曹節《そうせつ》である。

二一六年四月、自ら魏《ぎ》王に昇った曹操は二二一年一月に病死。魏王の位を継いだ曹丕《そうひ》に退位を迫られて、十一月に譲位する。廃位後は山陽公に下されて死んだ。

後漢滅亡を招いた皇后の兄

何《か》　進《しん》

〈生年不詳～一八九年〉

字は遂高《すいこう》。南陽郡宛《えん》県の人。異母妹の何《か》氏が宦官郭勝《かくしょう》の推挙で霊《れい》帝の貴人となり、皇太子劉弁《りゅうべん》を生んだことから郎中を拝命、虎《こ》賁《ほん》中郎将・潁川太守を歴任した。一八〇年、何貴人が皇后に立てられるに及び、侍中、将作大匠（帝陵の造営管理を担当する大臣）を経て河南尹《かなんいん》（都長官）に昇った。

一八四年、黄巾の乱が起こると、大将軍となって太平道の幹部馬元義《ばげんぎ》を処刑、洛陽の守備にあたった。一八八年、霊帝は西園八校尉（近衛軍八軍団の司令官）を設け、十常侍（十人の側近の宦官）の筆頭蹇碩《けんせき》を上軍校尉に任じ、元帥となった蹇碩は制度上、大将軍何進の上に立つことになって何進と対立した。

一八九年、霊帝が崩御したとき、霊帝の遺詔を受けた宦官の巨頭蹇碩は、皇子劉協《りゅうきょう》の擁立を計り、何進を暗殺しようとした。これを知った何進は皇太子劉弁を擁立、余勢をかって宦官勢力の一掃を計画したが、太后となった妹の何氏の反対にあって挫折した。何氏は母親の舞陽君《ぶようくん》、弟の河南尹何苗《かびょう》とともに、郭勝らから多額の金品を贈られていたのだ。

何進は袁紹の献策により、地方駐屯の豪族を都周辺に集め、何太后に圧力をかけようとしたが、逆に宦官背力に計られて暗殺された。

袁紹・袁術《えんじゅつ》は後宮に乱入して宦官を殺し、この混乱に乗じて入京した董卓が武力をもって権力を壟断するにいたった。何進は自らの死とあわせて後漢王朝の実質的滅亡をも招いてしまったのである。

後漢末

「結構ですな」の水鏡先生
司馬《しば》徽《き》
〈生年不詳～一八九年〉

字は徳操《とくそう》、潁川《えいせん》郡陽翟《ようてき》の人。襄陽城外に隠棲していた。襄陽の名士龐徳《ほうとく》公に兄事し、「諸葛孔明は臥龍《がりよう》、龐士元は鳳雛《ほうすう》、司馬徳操は水鏡」と言われた。諸葛亮《しよかつりよう》、龐統《ほうとう》、徐庶《じよしよ》ら青年たちの指導的存在だったが、その識見をみだりに口外することはなかった。

意見や人物評を求められると「結構ですな」と言うのがつねで、妻に「あなたはいつも結構ばかり、もっと真剣に相談に乗ってやればいいではないか」と言われ、「お前の言うことも結構だな」と言ったという。結構の原文は「佳」、口語では「好」という。それで、彼はまた「好好先生」と呼ばれたという。

荊州刺史劉表《りゆうひよう》は彼と会ったが、彼の真価を見抜くことができず、「世間の評判などでたらめだ。彼は世間知らずの書生じゃないか」と言った。彼はそのような劉表を人の上に立つような人物ではないと見ていた。

いっぽう新野《しんや》に駐屯していた劉備《りゆうび》に天下の大勢を尋ねられ、

「そのような大問題がわたしにわかるはずがありません。当地には臥龍、鳳雛など優秀な青年がいるではありませんか」

と諸葛亮、龐統を推挙したのは、同時に彼の劉備に対する評価〈優秀な人材の主人に値するという〉をしめしたものでもあった。

小説では劉備の求めに応じて、「臥龍、鳳雛」の存在を指摘しながら本名を教えず、「好好（まあまあ）」と口を濁すいっぽう、徐庶には劉備への仕官を勧め、諸葛亮の登場を準備するという重要な役割をあたえている。

曹操・呂布に夢を賭ける
陳《ちん》宮《きゆう》
〈生年不詳～一九八年〉

字は公台《こうだい》。兗《えん》州東郡（河南省）の人。曹操《そうそう》軍の武将。一九二年、曹操は東郡太守として濮陽《ぼくよう》に駐屯していたが、青州（山東省）の黄巾軍百余万が兗州に侵攻、迎え撃った刺史の劉岱《りゆうたい》が戦死するという緊急事態が発生したとき、陳宮は曹操に刺史就任を勧めるとともに、州の幹部たちを説得、済北の相（知事）鮑信《ほうしん》の支援のもと、曹操を兗州刺史の座にすえた。

曹操は苦戦のすえ黄巾軍平定に成功、捕虜三十余万のなかから精鋭を選抜して「青州軍」を組織し、天下をうかがう勢力となることができた。

陳宮は曹操の信任を得ていたが、「その後、疑心を懐き」（曹操の天下制覇の野心に気づいたということか。『三国志』呂布伝注）、一九四年の曹操の第二次徐州出兵の虚に乗じて鮑信《ほうしん》とともに呂布《りよふ》を迎え入れ、一時は三城を除いた兗州のほぼ全土を制圧した。

しかし、急遽、軍を返した曹操に破れ、呂布とともに徐州の劉備《りゆうび》のもとに身を寄せ、一九六年には呂布に徐州を乗っ取らせた。

呂布が一九八年、曹操・劉備連合軍に下邳《かひ》城で敗れた時、呂布ともども捕らえられ、曹操に「知恵者を自認していた君がどうしてこんな羽目に陥ったのか」と言われ、呂布を指さして、

「この男がわしの言うことを聞いていたら、こんなことにはならなかったはず」と言いすてて自ら処刑場へ向かった。

曹操はその毅然たる態度に涙して見送り、後に彼の老母や妻子に十分な手当をあたえたという。

後漢末

国難に殉じた剛直の士
王《おう》 允《いん》
〈一三七～一九二年〉

字は子師《しし》。并《へい》州太原郡祁《き》県の人。若くして大志を抱き、「王佐の才あり」と言われた。十九歳で郡吏となり、面を冒して太守を諫めたことから剛直の士として名を知られ、中央の侍御史（検察官）に抜擢された。

黄巾の乱に際して予州刺史となり、左中郎将皇甫嵩《こうほすう》・右中郎将朱儁《しゅしゅん》と黄巾軍を討った。その時、宦官張譲《ちょうじょう》が黄巾党に内応を約束した書面を手に入れ、天子に告発したことから張譲に憎まれ、無実の罪で命を奪われそうになったが、大将軍何進《かしん》・太尉袁隗《えんかい》・司徒楊賜《ようし》らの努力で救われた。

以来、宦官の追求を逃れて隠棲していたが、霊帝崩御の混乱のなかで何進の幕僚となり、献帝の即位（一八九）にともない太僕（天子側近の大臣）を経て尚書令（宰相）に昇った。

一九〇年には司徒（一種の名誉職）を兼ね、董卓が長安遷都を強行した時には宮中に保管された図書や文書の保管・輸送を監督し、焼失の危機から救った。

また董卓《とうたく》の簒奪《さんだつ》の兆しがあきらかになると士孫瑞《しそんずい》・楊瓚《ようさん》らとひそかに董卓暗殺の謀議をねり、董卓の腹心呂布《りょふ》を一味に加えて董卓暗殺に成功した。しかし彼は終始、呂布を一介の武将としか見ておらず、涼州の軍勢を許そうとの呂布の進言に耳も貸さなかった。

王允は法を守ること厳正ではあったが、このような狭量さから董卓配下の李傕《りかく》、郭汜《かくし》らの反乱を招き、李傕に殺された。

彼が美女貂蟬《ちょうせん》を使って呂布に董卓を殺させたというのは、小説での話である。

父に疎まれた悲劇の公子
劉《りゅう》 琦《き》
〈生年不詳～二〇九年〉

劉表《りゅうひょう》の長子、孝心篤く、父親似だったことで劉表から可愛がられて後継者と目されていたが、弟の劉琮《りゅうそう》が継母（劉表の後妻蔡《さい》氏）の姪を娶るにおよんで、次第に劉表に疎まれ、身の危険を感じるようになった。劉琮は蔡氏の強力なバックアップを受け、有力者の蔡瑁《さいぼう》（蔡氏の弟）や張允《ちょういん》（蔡氏の甥）と親交を結んで立場を強めたのである。

劉琦は新野《しんや》太守劉備《りゅうび》の幕僚となった諸葛《しょかつ》亮《りょう》の示唆を受け、二〇八年春、江夏郡の太守黄祖《こうそ》が孫権《そんけん》軍の急襲を受けて殺されたのを好機に、その後任を引き受けるかたちで任地の夏口（湖北省武漢市）へ向かい、難を避けた。

八月、劉表が危篤との報に接し、見舞いに駆けつけたが、張允らから、「重要な任地を勝手に離れるとは何事」と父子の対面を拒否され、追い返された。劉表の死とともに劉琮が荊州刺史に擁立されたことを知った劉琦は、江夏の軍勢一万数千をひきいて襄陽《じょうよう》へ攻め上ったが、曹操《そうそう》の南征が開始され、大軍が新野まで南下、襄陽の劉琮が戦わずして曹操に降伏したため、北上をあきらめた。引き揚げの途中、当陽で曹操に破れた劉備と合流して夏口に帰った。

十二月の「赤壁の戦い」には夏口駐屯の全軍を挙げて劉備軍に協力した。

戦後、劉備が駐屯した長江南岸の公安において劉備から荊州刺史の称号を贈られたが、翌二〇九年に病死した。後任の荊州牧（長官）には劉備が推戴された。また劉琦が去った後の江夏郡南部は呉軍の占領下に入った。

袁紹の敗戦を予言
沮《じょ》授《じゅ》
〈生年不詳～二〇〇年〉

鉅鹿郡《きょろくぐん》（魏《ぎ》の広平郡、河北省）の人。袁《えん》紹《しょう》の幕僚。冀《き》州で二県の県令を歴任ののち刺史の韓馥《かんぷく》の別駕（幕僚）となり、一九一年、韓馥から冀州を奪った袁紹に召し出され監軍（軍目付）に抜擢されたものの、たびたびの献策や諫言は一向に取り上げられなかった。一九九年、袁紹が許都《きょと》進攻作戦を強行しようとしたときは、慎重な行動をと諫めて聞かれず、逆に袁紹の怒りを買ったので、出発にあたり一族を集め、「この戦に勝ち目はなし」と言って皆に財産を分与した。

黄河の渡河を前にして、「悠々たる黄河、わしは二度とここには戻れないだろう」と嘆息したものだったが、官渡で大敗したとき曹操《そうそう》軍に捕えられた。その才能を惜しむ曹操に帰順を勧められたが、「叔父、母、弟を向こうに残してきたから」と拒否、脱走をはかって殺された。

盟友曹操に背いて呂布に
張《ちょう》邈《ばく》
〈生年不詳～一九五年〉

字は孟卓《もうたく》、東平国寿張の人。後漢の陳留太守。

董卓《とうたく》に反対して曹操《そうそう》とともに挙兵したときには、驕慢な態度をとった盟主の袁紹《えんしょう》を諫めたことがあった。怒った袁紹は曹操に彼を殺すよう示唆したが、曹操は「彼は吾が親友」と拒否し、また、第一次徐州征伐に出陣（一九三）のさいには、家族に「万一のときは張邈を頼れ」と言い残した。

しかし、張邈は呂布《りょふ》と関係のあったことから、曹操の疑いをかうのではないかと邪推し、翌年、曹操が第二次徐州征伐に出陣したとき、曹操配下の東郡の守将陳宮《ちんきゅう》と結んで呂布を兗《えん》州に迎え入れ、曹操を一時危地に陥れた。

一九五年、呂布が曹操に破れて徐州へ逃げたときに同行。袁術《えんじゅつ》に救援を求めようと寿春へ向かう途中で部下に殺された。家族も避難先の雍丘《ようきゅう》で曹操に殺された。

多くの信者を獲得した太平道の教祖
于《う》吉《きつ》
〈生没年不詳〉

また干吉《かんきつ》とも書かれる。琅邪郡の人。呉郡や会稽《かいけい》郡の沿岸地帯で宗教活動をしていた家柄の道士で、『太平青領道（書）』を経典として教団「太平道」を組織した。「黄巾の乱」の指導者張角《ちょうかく》は于吉の影響下にあったものと思われる。

孫策《そんさく》が江南を平定した当時、于吉は百歳と言われ、各地に精舎と言われる集会所を設けて誦経や病気治療の祈禱を行ない、多数の信徒を集めていた。孫策の生母や配下の将領たちもその中に入っていた。

孫策が城門の楼上で宴会を開いていたとき、于吉が下を通りかかったので、列席者の三分の二が慌てて席を立ち、迎えに走った。怒った孫策は于吉が「怪しげな法をもって人をたぶらかし、君臣の礼まで乱させた」として、于吉を捕らえて斬罪としたが、信徒たちは于吉の死を信じなかったという。

後漢末

袁紹の脅迫で自滅
韓《かん》馥《ふく》
〈生年不詳～一九一（？）年〉

字は文節《ぶんせつ》、潁川《えいせん》郡の人。御史中丞を経て一八九年、冀州牧となり、一九〇年には袁《えん》紹《しょう》・曹操《そうそう》らの董卓《とうたく》討伐の挙兵に加わったが出動態勢を整えただけで終わった。

袁紹とともに幽州刺史劉虞《りゅうぐ》を皇帝に推戴しようとして劉虞に拒否されたこともある。冀州は十万の軍勢を擁し、十年分の糧秣を貯えていたが、幽州の公孫瓚《こうそんさん》の進攻に脅え、袁紹の説客荀諶《じゅんしん》の「公孫瓚の力は恐るべく、いっそ冀州を袁紹に譲って守ってもらうのが良策」という口車に乗り、幕僚たちの「袁紹はいま軍勢を養う糧秣が尽きて冀州の豊かな蓄えを狙っているもの、ほっておけば自滅する」との進言にも、「自分はもともと袁氏の引き立てを受けた者だし、能力においても袁紹にかなわない」と耳をかさず、袁紹に地位を譲って旧知の張邈《ちょうばく》のもとに身を寄せたが、なお袁紹を恐れ、疑心暗鬼のすえ自殺した。

董卓暗殺の陰の美女
貂《ちょう》蟬《せん》

一九二年四月、董卓《とうたく》は親子の縁を結んでいた中郎将呂布《りょふ》に暗殺された。この事件を画策したのは司徒王允《おういん》だった。彼はまず家妓の貂蟬、十八歳を董卓の侍妾として送り込み、呂布を誘惑させた。二人の密会の場面を見た董卓は、呂布に短戟を投げつける。王允は呂布の動揺につけこんで董卓暗殺に踏み切らせた。董卓と呂布の間に貂蟬を挟んで二人の間を隔てる「連環《くさり》の計」である。呂布は貂蟬を第二夫人とした。

貂蟬の名は『三国志演義』中の物語で天下に知れ渡り、西施《せいし》・趙飛燕《ちょうひえん》・王昭君《おうしょうくん》・楊貴《ようき》妃《ひ》らと並ぶ美女のひとりとなったが、じつは虚構の人物。呂布が董卓の侍妾と密通していたこと、董卓から短戟を投げつけられたこと、また呂布配下の秦宜禄《しんぎろく》の美しい妻にまつわるエピソードなど『三国志』の断片からまとめられた。

曹操を罵倒した名文家
陳《ちん》琳《りん》
〈生年不詳～二一七年〉

字は孔璋《こうしょう》、広陵郡東陽の人。後漢末を代表する文章家の一人。はじめ大将軍何進《かしん》に仕え、何進が地方軍を都に呼び入れようとしたのを諫めたが聞かれなかった。董卓《とうたく》のとき冀州に避難して袁紹《えんしょう》の記室（書記）となる。一九九年、袁紹の命で曹操《そうそう》討伐にあたっての檄《げき》（アピール）を起草、文中で「曹操の祖父曹騰《そうとう》は宦官、父親の曹嵩《そうすう》は乞食の子、賄賂で官位を買った」など、口をきわめて罵った。

二〇四年、袁氏の本拠鄴《ぎょう》が陥落したとき曹操軍に捕らえられた。曹操から、「袁紹のために檄文を書いたとき、なぜわたしの罪状をあげるだけにしなかったのか。悪を憎むのも本人だけに止めるべきなのに、さかのぼって父親や祖父まで引き合いに出すとは」と言われたが、罪に落とされることもなく、その後も曹操の書記として書簡や檄文の起草にあたった。

後漢末

薪売りから侯爵に
馬《ば》騰《とう》
〈生年不詳～二一二年〉

字は寿成《じゅせい》、扶風《ふふう》郡茂陵《もりょう》の人。後漢初めの名将伏波将軍馬援《ばえん》の末裔。父親が天水郡蘭干県尉でいたとき罷免されたため、そのまま涼州（甘粛ウイグル族自治区）で羌《きょう》族に混じって住むことになった。家が貧しかったため、薪を売り歩いて家計を助け、羌族の娘を妻とした。容貌魁偉、身の丈八尺余（百九十センチ）の大男だったが、穏和で賢かったので人々に敬愛された。

涼州刺史耿鄙《こうひ》の民兵募集に応募して軍司馬（士官）に抜擢されたが、間もなく独立して、韓遂《かんすい》と並ぶ涼州の豪族となった。一九二年、韓遂とともに朝廷に帰順して征西将軍を拝命、前将軍・槐里《かいり》侯に昇った。その後、軍勢を子の馬超《ばちょう》に譲り、二〇八年、衛尉（皇宮守備の長官）を拝命して鄴に住んだが、二一一年、馬超が韓遂とともに関中で謀叛したため、翌年、家族ともども処刑された。

◎三国志関係略系図１

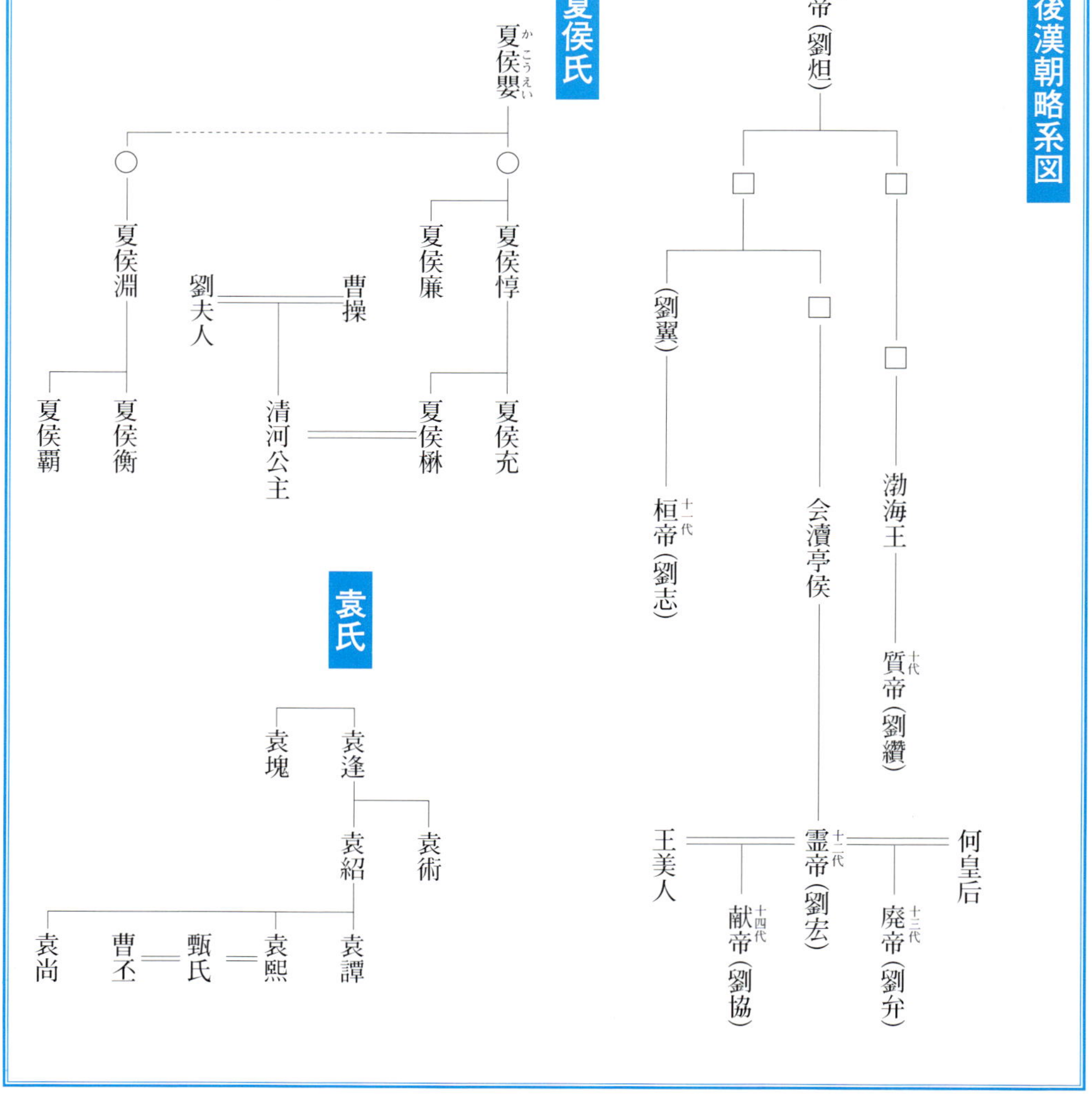

三国志英雄列伝

第二部　王朝創業の野望

魏

『酒にむかっては　まさに歌うべし
人生　どれほどのものぞ
たとえば　朝の露のごとし
去りゆく日々のはなはだ多し』（曹操）

魏の曹操は広く人材を求め
軍略家として天下統一をめざす。
同時にすぐれた詩人として、
人間味あふれる数々の詩《うた》を残した。

魏

乱世をリードした〝姦雄〟

曹《そう》操《そう》

〈一五五〜二二〇年〉

字は孟徳《もうとく》。沛《はい》国譙《しょう》県（安徽《あんき》省譙県）の人。前漢の宰相曹参《そうしん》の子孫と称する。祖父は宦官《かんがん》として権力を振るった曹騰《そうとう》で、その養子となった父嵩《すう》は同地の夏侯《かこう》氏の出身といわれ、宦官に賄賂を贈り、太尉の位を一億銭で買い取った人物である。

「入り婿、宦官の孫」と、曹操がさげすまれたのは、このためで、かれ自身もその出自にコンプレックスを抱いていたらしく、それが少年期の非行につながったと見ていい。

幼名を「阿瞞《あまん》」といった。「瞞」は、「欺瞞」「瞞着」などの言葉があるように、人をだますの意。「阿」は、日本流にいえば、「〜ちゃん」で、つまりは「嘘つきちゃん」といったところである。

幼名どおり、少年時代から機知が働き、権謀術数に長けていて、手のつけられぬ不良となり、放蕩無頼の生活を送った。

ただし、武芸は抜群で、かつ大の読書家で兵法書を好み、『孫子』十三編の注釈書を著している。当時の世間の評価は高くなかったが、人物批評の大家として知られる許子将《きよししよう》からは、

「子は治世の能臣、乱世の姦雄なり」

と評された。

袁紹との「官渡の戦い」の勝利を記念する曹操の像。

二十歳で孝廉に選ばれ、近習を経て首都警備隊長に任命された。厳格な取り締まりを行ない、どんな有力者であろうと違反すれば容赦なく打ち殺したため、洛陽中を震え上がらせた。

ついで頓丘《とんきゆう》県知事、さらに都にもどって朝廷の建議官となり、しばしば建言したが、しだいに政治改革の見込みがないことを悟り、郷里に引きこもった。

一八四年、黄巾の乱が起こると、近衛騎兵隊長に任命され、潁川《えいせん》の反乱軍を討伐した。その後、ふたたび帰郷するが、首都防衛のため西園八校尉が新設されると、典軍校尉となった。

このとき何進《かしん》と袁紹《えんしよう》が反宦官クーデターを起こしたが、これには参加せず、やがて都を制圧した董卓《とうたく》に協力を求められる。

しかし、これも断って洛陽を脱出、陳留《ちんりゆう》で私財を投じて反董卓の兵を挙げた。軍勢わずかに五千、三十五歳のことであった。

翌年、袁紹を盟主とする反董卓連合軍が結成されるが、群雄が及び腰で様子眺めに終始するなか、積極論を主張し、みずから先陣を切って董卓軍と戦った。

当初からまとまりに欠けていた連合軍は、やがて董卓が呂布《りよふ》に殺されると瓦解し、時代は群雄が争いあう乱世的状況に突入する。

一九二年、曹操は、青州の黄巾軍を討伐、

投降してきた兵卒三十余万のなかから精鋭を選りすぐって「青州兵」と号した。かれらはつねに曹操に従って「南征北戦」し、曹操軍団の最精強部隊となった。

一九六年には、屯田の事業を起こし、これによって食糧不足を解決した。当時は、連年の兵乱と凶作のため、どの軍勢も深刻な兵糧不足にあえいでいたが、この事業によって兵糧が潤沢になった曹操軍は、つねに作戦を有利に運ぶことができた。

さらに、献《けん》帝を本拠地の許《きょ》に迎え入れたことによって、曹操の地位は大きく高まることになった。

これといった権威をもたなかった曹操は、この一挙によって、「天子を奉じて、不臣に令する」大義名分を手に入れたのであった。

曹操の故宅といわれる所では
大きな杏子の樹が印象的。

曹操が、その覇権獲得を揺るぎないものとしたのが、二〇〇年、覇権の最短距離にいると見られていた袁紹と激突した、官渡《かんと》における一戦だった。

わずか二万の兵力で袁紹軍十万と対峙した曹操は、「至弱をもって至強に当たる」形勢を克服して大勝を博した。

さらに袁紹の死後、その子袁尚《えんしょう》、袁譚《えんたん》をつづけさまに討ち取り、北方の烏丸をも征討して、中原を平定する。

かくして二〇八年、天下統一の野望を胸に秘めて南征を開始する。まず荊《けい》州を戦わずして掌中におさめ、劉備《りゅうび》を敗走させたあと、一気に呉《ご》を目指した。

しかし、長江を舞台に繰り広げられた「赤壁の戦い」において、呉の将軍周瑜《しゅうゆ》の火攻めにあって敗北を喫し、その野望はついえた。

以後、魏・呉・蜀の三国鼎立の時代を迎えたとはいえ、天下の三分の二を支配下に置き、その絶対的優位は動かしようもなかった。

二一三年に魏《ぎ》公、二一六年に魏王と、みずからの位を着々と上げていったが、ついに帝位にだけはつかなかった。

二一九年、荊州に拠る関羽《かんう》の猛攻を受けて、一時は黄河の北に遷都しようとまで弱気になったものの、司馬懿《しばい》の献策を入れ、孫権《そんけん》と連携して関羽を挟撃し、これを倒した。が、その翌年、洛陽にて病死する。享年六十六。この年十月、後継者の曹丕《そうひ》が献帝から帝位を禅譲された後、父に「武帝」の称号を贈った。

小説や芝居の世界では、「冷酷」「権詐」「狡猾」などあらゆる悪徳をそなえた人物として描かれているが、実際は政治的にも軍事的にも傑出した指導者であった。陳寿《ちんじゅ》は、つぎのように曹操を評価している。

「曹操は権謀の限りを尽くして天下を駆けめぐった。かれは、申不害《しんふがい》、商鞅《しょうおう》の法術と韓《かん》信《しん》、白起《はくき》の奇策を兼ね備え、適材適所に人材を登用してかれらの能力を発揮させ、感情を押さえ計算に徹して、その人物の過去にはこだわらなかった。ついに皇帝としての役割まで担うようになり、大業をなし遂げることができたのは、その機略がもっともすぐれていたからである。かれこそは並みはずれた人物であり、時代を超越した英雄というべきであろう」

なお、息子の曹丕、曹植《そうしょく》とともに、建安期を代表する詩人、文章家としても、輝かしい名声を残している。

魏

帝位を奪った曹操の後継者

曹《そう》丕《ひ》

〈一八七～二二六年〉

魏の初代皇帝文《ぶん》帝。在位は二二〇～二二六年。字は子桓《しかん》、曹操《そうそう》の次子で、母は卞《べん》氏である。ちなみに、曹操の長子の曹昂《そうこう》、字は子脩《ししゅう》は、若くして戦死している。

三十一歳でようやく後継者に指名されたが、曹操が同母弟の曹植《そうしょく》を愛して決定が遅れたためで、その間、太子の地位をめぐって宮廷内を二分する熾烈な争いが展開された。

二二〇年、曹操が死ぬと、丞相・魏王の位を継ぎ、その年のうちに後漢の献《けん》帝に迫って禅譲を受け、魏王朝を創建する。廃位後の献帝には、領邑一万戸を与え、山陽公の称号を奉った。かくして、前後四百年に及んだ漢王朝の幕が引かれたのであった。

曹丕の在位はわずか七年に過ぎなかったが、その間よく民生の安定と人材の登用をはかり、魏王朝の基礎を固めた。内政面では、後漢王朝が宦官と外戚の専横によって内部崩壊した反省から、宦官の官職に上限を定めるいっぽう、婦人の政治への介入を禁じた。また、「九品官人法」を制定し、六朝貴族制度の基礎を築いた。

曹丕に帝位を禅譲し献帝は山陽公に。漢は滅亡した。

性格的には酷薄なところがあり、弟の曹植・曹彰《そうしょう》を迫害し、曹植のブレーンであった丁儀《ていぎ》・丁廙《ていよく》兄弟を一族もろとも処刑したのをはじめ、かつて曹洪《そうこう》に借財を申し込んで断わられたことを根に持って、無実の罪で処罰するなど、陰険な一面を見せつけている。

即位の翌年、劉備《りゅうび》軍に攻め込まれた孫権《そんけん》が臣従を申し出てくると、これを認めて呉《ご》王に封じ、さらに夷陵《いりょう》の戦いにおける劉備の布陣を聞いて、「劉備は戦のやり方を知らん。まるで門外漢のやり方だ」と、その敗北を予言した。

実質二代目として魏王朝の基礎固めに当ったものの、二二六年、にわかに病を発し、曹叡《そうえい》を太子に指名したうえ、曹真《そうしん》、曹休《そうきゅう》、陳羣《ちんぐん》、司馬懿《しばい》の四人に後事を託して死んだ。

父の曹操、弟の曹植と並ぶ建安時代を代表する詩人、文人として知られる。かれの評論「典論」は、のちに「建安七子」と呼ばれることになる同時代の文学者七人の人と文学を論じ、中国の文芸批評の先駆となった。かれはその論文のなかで、

「文章をつくるということは、国家を治めることにかかわる大事業であり、万世不朽の偉業である。『文章は経国の大業、不朽の盛事なり』。人の生命はかならず終わりあり、栄耀栄華もその身体とともに終わってしまう。この二つは人にとって免れることのできない宿命であって、文章の無限の生命には及ぶべくもない」

といっている。曹丕は、政治家であるよりも本質的に文学者であったようである。

魏

沈着で決断力に勝れた二代目

曹《そう》叡《えい》

〈二〇五〜二三九年〉

魏の第二代皇帝明《めい》帝。字は元仲《げんちゅう》、文帝曹《そう》丕《ひ》の子。五、六歳のころから神童ぶりを発揮して、祖父の曹操《そうそう》に可愛がられ、「わが帝業の次の次は、お前をおいてない」と言って、朝廷の宴会や会議の席では、かならず自分の側に侍らせていたという。

だが、生母の甄《しん》后が文帝の怒りを買って死を命ぜられたこともあって、なかなか世継ぎに立てられず、文帝の病気が重くなったとき、ようやく太子に指名された。

二二六年、文帝が没するや、魏の動揺につけ込もうと、孫権《そんけん》が魏領の江夏郡に侵攻してきた。朝廷ではただちに救援軍を送ろうとしたが、明帝は、

「孫権は水上の戦いを得意としているはず、にもかかわらず陸路から攻めてきたのは、わがほうの不備に乗じようとしてのこと。いまの守りで十分持ちこたえられる」

その読みどおり、孫権は程なく撤兵した。

二二八年、諸葛亮《しょかつりょう》が領内に侵攻、天水・南安・安定の三郡が官民ともに蜀《しょく》に寝返った。魏の朝臣たちは慌てふためいたが、明帝は落ちつきはらっていた。

「諸葛亮はもともと蜀の険阻な山々をたのみに専守防衛をはかってきた。それが向こうからやって来たとすれば、兵書にいう〝おびき出し〟の術に嵌まったようなもの。このときに乗ずれば、間違いなく破ることができる」

祖父の曹操に神童ぶりを可愛がられ人々からも親しまれた曹叡。陳倉にある娘娘廟のにぎわい。

こういうと、ただちに兵馬を整え、みずから歩兵・騎兵五万を率いて防衛に出陣した。この戦いでは、将軍張郃《ちょうこう》が、馬謖《ばしょく》の率いる敵の先鋒軍を大破したことによって、諸葛亮の本軍を撤退に追い込んでいる。二三四年、諸葛亮が斜谷《やこく》を通り抜けて渭水《いすい》の南に進駐した。司馬懿《しばい》が諸軍を率いてこれを迎え撃つ。

そのさい明帝は、司馬懿にこう指示した。

「ひたすら守りを固めて、敵の鋭気を挫くことに専念せよ。さすれば敵は、攻撃しても思うにまかせず、退いても合戦にならず、やがて食糧が底をついて必ず退却する。そこをすかさず追撃せよ。休養十分な兵で疲労した敵を討つ――これこそ百戦百勝の道である」

やがて諸葛亮が五丈原の陣営で病没したため、蜀軍は本国へ撤退していった。

このように、明帝曹叡はつねに的確な指示を下して度重なる蜀軍の侵攻を撃退した。が、これで緊張感がすっかり弛んだのか、以来、豪奢な宮殿を造営し、大勢の美女を侍らせて遊宴に明け暮れるようになった。臣下がしきりに諫めたが、聞き入れなかったという。

二三七年、明帝は病に臥し、司馬懿と曹爽《そうそう》の二人に斉王曹芳《そうほう》の補佐を頼んで息を引き取った。三十六歳の若さであった。

魏

兄に迫害された天才詩人

曹《そう》植《しょく》

〈一九二～二三二年〉

字は子建《しけん》、曹操《そうそう》の息子。文帝曹丕《そうひ》の同母の弟に当たる。陳国王で亡くなり、「思」と諡されたので、陳思王と呼ばれる。

十歳のころすでに『詩経』『論語』や辞、賦など数十万語を暗誦し文章に巧みな天才児だった。

曹操がかれの文章を見て、だれかに書いてもらったのではないかと疑ったところ、

「わたくしは、口を開けばそのまま論となり、筆をとればたちどころに文章ができます」

と答えた。

鄴《ぎょう》の銅雀台が完成したとき、曹操は公子たち全員を台上にはべらせて、即席で銅雀台の賦を作らせたが、曹植は筆を手にするなり一気呵成に書き上げた。しかもそれがみごとなものだったので、曹操は舌を巻いてしまった。

曹植は、生まれつき磊落《らいらく》で、堅苦しいことが嫌いだった。乗り物や服装も、華美なものを嫌った。曹操に謁見し、難問を出されるたびに、間髪をいれずに答えたので、兄弟のなかでだれよりも可愛がられた。

二一一年、平原侯に封ぜられ、三年後には臨菑《りんし》侯に転封になった。この年、曹操は孫権《そんけん》討伐に向かうにあたって曹植に鄴の留守をまかせ、行きがけに懇々と言い含めた。

「むかし、わしが頓丘の県知事を拝命したのは二十三の時だった。いま思い返しても当時やったことになんら悔やむことはない。お前もいま二十三だ。しっかりやるのだぞ」

曹植の封地・臨菑で発掘された
斉代に殉死に使われた馬の骨跡。

曹植は、そのときすでにその才能を見込まれており、しかも、丁儀《ていぎ》、丁廙《ていよく》、楊脩《ようしゅう》といった面々がかれのブレーンになっていた。曹操は、かれを太子に立てようと何度も決意しかけたものだった。

しかし、二一七年、曹操は重臣たちとはかった結果、兄の曹丕を太子に決定した。その三年後、曹丕が帝位につくと、丁儀兄弟らは一族もろとも処刑され、曹植は都を離れて、封地の臨菑へ赴いた。

二二一年、曹丕に取り入ろうとした男が、「曹植は酒をくらっては上を上とも思わず、勅使に無礼を働いた」との弾劾《だんがい》文を上呈した。司直はこの弾劾文にもとづいて死刑の判決を下し、刑執行の許可を求めたが、曹丕は母親卞《べん》太后をはばかって、罪一等を減じて安郷侯に格下げした。

以来、曹丕からの圧迫を受け、四十一歳で亡くなるまで、国替えになること六度におよび、小国を転々とさせられた。たびたび上疏して、政治への参画を望んだが、まったく無視された。

父曹操、兄曹丕とともに、古来中国詩人の偶像とされ、建安時代の文学者の筆頭に数えられたが、哀愁に満ちた名詩のほとんどは、後半の不遇時代に書かれたものである。

魏

曹操覇業の最大功労者

荀《じゅん》彧《いく》

〈一六三～二一二年〉

字は文若《ぶんじゃく》、潁川《えいせん》郡潁陰《えいいん》（河南省許昌市）の人。曹操《そうそう》幕下の謀士。名門の家柄の出で、若いころから才名をうたわれ、「王佐の才」があると称された。

人並み優れた容姿によっても知られるが、当代の奇矯の士禰衡《でいこう》からは、「荀彧で使えるのは顔だけ、弔問用にはぴったりだ」などと皮肉られている。

はじめ袁紹《えんしょう》に迎えられて最高の賓客として遇されたが、袁紹は大事をなし遂げる器ではないと判断し、一九一年、曹操のもとに走った。曹操は、「わが張良（漢の高祖の名参謀）来たれり」といって大喜びで迎え、ただちに司馬（軍務副官）に任命した。このとき荀彧は二十九歳であった。

それ以後、荀彧は、各地の征討に精力をそそぐ曹操に代わって、本拠地兗《えん》州の留守をあずかる。張邈《ちょうばく》、陳宮《ちんきゅう》の離反を処理するとともに、呂布《りょふ》の平定こそ第一と献策して、叛服つねないこの危険人物を滅ぼした。

さらに、曹操が黄巾《こうきん》軍の鎮圧に成功したあと、いち早く献《けん》帝を奉じて許に遷都するよう献言して、「天子を擁して天下に号令する」大義名分をととのえさせた。

さらに荀彧は、河北に強大な勢力を張る袁紹側の弱点を見抜き、「至弱をもって至強に当たる」戦略構想を打ち出して、ついに袁紹を滅亡に追いやった。

許都を守る荀彧の功績は大。春秋楼は
曹操が一時期、関羽を捕囚したところ。

官渡における半年に及ぶ激しい攻防戦では、さすがの曹操も弱気になり、いったん許都に撤退しようとしたこともあったが、許都の留守をあずかった荀彧は、あくまで踏みとどまるよう激励し、最後まで持ちこたえさせた。

曹操の覇業は、荀彧の戦略構想なしには不可能だったといっても決して過言ではない。

曹操は、娘の安陽公主を長男の荀惲《じゅんうん》のもとに嫁がせるほどの親愛を示したが、二一二年、董承《とうしょう》らが、曹操の爵位をすすめて国公とし、九錫（車馬・衣服・楽器など九種類の下賜品。暗に天子の位を譲られる前提とされる）を授与するよう朝廷に働きかけると、漢王朝への忠誠を第一と考える荀彧はこれに反対し、曹操の怒りを買った。

以来、曹操の軍中に止めおかれ、寿春《じゅしゅん》で病いに倒れて、憂悶のうちに死んだ。

一説に、自殺を強いられたとも伝えられている。それによると——。

ある日、曹操から食事が贈られてきた。食器の蓋をとったところ、なにも入っていなかった。「死ねということか」こう悟った荀彧は、毒薬をあおって自殺した。享年は五十。死後、敬侯と諡された。曹操がついに魏公となったのは翌年のことである。

魏

曹姓を賜った勇将

曹《そう》 真《しん》

〈生年不詳〜二三一年〉

字は子丹《したん》、沛国譙県《しょうけん》（安徽省亳州市《はく》）の人、もとの姓は秦《しん》である。かれの父親の秦伯南《しんはくなん》は、曹操《そうそう》が袁術軍に追われて家に逃げ込んできたとき匿ってやり、追っ手が踏み込んでくると、「わしが曹操だ」といって身代わりに殺された。その功により曹姓を与えられたのである。

曹操はその子の真が幼くして孤児となったことを哀れみ、引き取って自分の息子たちと一緒に育てた。曹丕《そうひ》とは、実の兄弟のように起居をともにして成人した。

曹真は勇猛な若者に育った。あるとき狩猟に出て、追ってきた虎を振り向きざまに射殺して、曹操を驚嘆させたことがある。

文帝曹丕の即位後、上軍大将軍に昇任し、夏侯尚《かこうしょう》らとともに孫権《そんけん》を征討して牛渚《ぎゅうしょ》の軍営を打ち破った。

二二六年、文帝が没すると、陳羣《ちんぐん》、司馬懿《しばい》らとともに遺詔を受けて国政を補佐し、明帝曹叡《そうえい》の即位後、大将軍に転じた。

二二八年、諸葛亮《しょかつりょう》が北征を開始して魏領に侵攻してくると、南安・天水・安定の三郡がこれに呼応して反旗をひるがえした。明帝は大将軍の曹真を派遣して、蜀軍を迎え撃たせた。曹真はまず右将軍の張部《ちょうこう》に命じて、馬謖《ばしょく》の率いる敵の先鋒部隊を攻撃させる。

この緒戦で張部が、馬謖の軍を街亭《がいてい》で打ち破ったため、諸葛亮の本隊は撤退せざるを得なくなった。かくして三郡は、ふたたび魏領となる。

二三〇年、大司馬に昇進した曹真は、蜀討伐を帝に進言した。

「蜀は連年のようにわが領に侵攻しております。このさい各方面からいっせいに討伐軍を起こせば、大勝利をおさめられましょう」

八月、曹真は、兵を率いて長安を出発、子午道より南下した。司馬懿が漢水をさかのぼり、南鄭《なんてい》で合流する手筈となっており、また斜谷道《やこく》からも、武威《ぶい》からも別の部隊を侵攻させた。

が、途中、三十日も大雨が降りつづいたため、桟道があちこちで寸断された。このため魏軍は、撤退のやむなきにいたった。

翌年、諸葛亮が第四次北伐に侵攻してきたとき、曹真は病に倒れて洛陽に帰還した。その後任として司馬懿が軍事の最高指揮権をゆだねられ、これ以後、かれが諸葛亮と対決することになる。曹真は洛陽で療養につとめたが、まもなく死んだ。

曹真は、遠征のさいにはつねに将兵と苦楽をともにし、帝から賜る恩賞で足りないときは、自腹を切って兵士たちに分け与えた。このため部下は、だれもが曹真のために全力を尽くしたいと願ったという。

古陽平関の風は将兵と苦楽をともにした曹真をしのばす。

魏

老獪司馬懿にしてやられる

曹《そう》爽《そう》

〈生年不詳～二四九年〉

字は昭伯《しょうはく》、沛国譙県（安徽省亳州市）の人。魏創業の功臣曹真《そうしん》の子。明帝曹叡《そうえい》がまだ太子の時代から目をかけられ、即位後は散騎常侍から武衛将軍へと累進した。

明帝が病気で倒れたあと大将軍に任命されて軍事の大権を授けられ、太尉の司馬懿《しばい》とともに幼帝曹芳《そうほう》の補佐を遺嘱された。

はじめ曹爽は、年齢のうえでも人間の器のうえでも司馬懿のほうが上であると認めていたので、いつも父親に仕えるような態度で接し、独断専行を控えていた。ところが、取り巻きの何晏《かあん》、丁謐《ていひつ》らが画策して、司馬懿を天子の教育係である太傅《たいふ》に祭り上げて実権を取りあげた。このため司馬懿は、病気を口実に自邸に引きこもってしまった。

曹爽とその一派は、すっかり調子に乗り、たがいに結託して私腹を肥やしたりするが、役人もその権勢を恐れて、だれひとり逆らうものがいない。

かれらの専横を知ってか知らずか、司馬懿はじっとなりをひそめたままである。さすがに不気味なものを感じた曹爽は、取り巻きの一人李勝《りしょう》に、様子を探りに行かせた。

刺史赴任の挨拶を口実に訪れた李勝に、司馬懿はいかにも重病のふりをして、両脇を二人の侍女に抱えられて会った。着物がだらしなくずり落ちそうになると、そのたびに侍女が着せかけてやる。粥《かゆ》の入った茶碗を侍女が差し出すと、それをすすりこもうとするが、みんなボタボタと胸のあたりにこぼれてしまうありさま。受け答えも、李勝の赴任先を南と北を取り違えるなど、まるで支離滅裂である。

洛陽の漢魏故城にて幼帝曹芳をよく補佐した曹爽を思う。

李勝の報告を受けて、曹爽らはすっかり安堵し、以来、だれも司馬懿のことを気にかけなくなった。

二四九年正月、幼帝曹芳が明帝の陵墓に参拝し、曹爽とその一派もお供をして都を留守にした。満を持していた司馬懿はすばやく行動を起こし、軍権を掌握してあっという間に都を支配下におさめてしまった。

曹爽は、いったんは帝を擁して抵抗する姿勢を示したものの、「責任追及は免職処分にとどめる」という約束を信じて、あっさり司馬懿に屈した。このとき曹爽は、「司馬公はわしの権力を取り上げようとしているだけだ」と、側の者に言ったという。しかし曹爽はここでも司馬懿にしてやられたのである。

まもなく司直の手によって罪をでっち上げられ、曹爽はもちろん、何晏、丁謐ら取り巻きも、ことごとく逮捕されて誅殺された。

「亡き曹真どのの功績に免じて、曹家の断絶だけは」と、とりなす者がいたが、司馬懿は許さなかった。

魏

『三国志』随一の策謀家

賈《か》詡《く》

〈一四七～二二三年〉


字は文和《ぶんわ》、武威郡姑臧《こそう》（甘粛省武威県）の人。若いころはさしたる評判もなかったが、それでも計略にすぐれ、

「賈詡には前漢の高祖を補佐した張良・陳平のような奇才がある」

と評価した人物もいたという。

孝廉に選ばれて都に出たが、病気のため帰郷する途中、同行者数十人とともに氐《てい》族の反乱軍に捕らえられてしまった。すると、賈詡は、

「わしは段公の外孫だ」

と名乗った。

当時、太尉であった段熲《だんけい》は辺境の司令官として、その威名は西部地方に鳴り響いていた。賈詡はその名を借りて、相手を脅したのである。果たしてかれらは、賈詡一人だけを釈放したという。

むろん段熲の甥などではなかったのだが、賈詡が臨機応変に危機を切り抜けること、すべてこのようであった。

董卓《とうたく》が洛陽に入ったとき、賈詡は董卓の娘婿牛輔《ぎゅうほ》の参謀役をつとめ、董卓が呂布《りょふ》に殺されると、動揺する董卓の部下、李傕《りかく》、郭汜《かくし》らに長安攻撃をすすめ、呂布を追放して、董卓の仇を討った。その功績から尚書に任ぜられた。

その後、賈詡はいっさいの官位を返上し、かねてから手を結んでいた張繡《ちょうしゅう》のもとに身を寄せた。

当時、張繡は曹操に敵対していた。官渡の戦いの前夜、袁紹《えんしょう》から張繡のもとに自陣営への参加の呼びかけがくると、

「弱い側につくほうが出世が早い」

という理由から、勝手に断って曹操側に張繡を参加させ、

「君が来てくれたおかげで、天下の人心を得られる」

と曹操に感謝された。官渡の戦いでは、曹操に決断のときを促して勝利に導いている。

二一一年、潼関《とうかん》の戦いでは、馬超《ばちょう》と韓遂《かんすい》を離間させるべく巧みな謀りごとを献策して討伐に成功した。

曹丕《そうひ》と曹植《そうしょく》との後継争いでも、さまざまな献策をして曹丕のために即位の道を開いた。万事華やかで人脈も多い曹植に対抗して、曹丕に、

「懸命に子としての道を努めよ」

と進言し、地味に振る舞って曹操の心をつかむべく仕向けた。

そして曹操から後継者問題について下問されたさい、

「袁紹父子、劉表《りゅうひょう》父子のことをお忘れですか」

と答え、長子を後継者にしなかったため滅びた例を曹操に示して、曹丕の太子指名を決断させた。

生え抜きの臣下でない賈詡は、策謀を通じて出世してきたため、少しの疑いも抱かれぬようひっそりと暮らし、朝廷を一歩出れば、個人的な交際も避けた。

子女の結婚でも、身分の高い家柄とは縁を結ばないようにしたという。

文帝（曹丕）は即位後、かれを最高位の太尉に任じ、新たに領邑を加増して、あわせて八百戸とした。恩に報いたのである。魏寿《ぎじゅ》郷《きょう》侯に封じられ、七十七歳で没し、粛《しゅく》侯と諡された。

魏

西北戦場に勇名を馳せる

夏侯《かこう》淵《えん》

〈生年不詳～二一九年〉

字は妙才《みようさい》。沛国《はい》譙《しよう》郡の人。夏侯惇《かこうとん》の従弟。若いころ、死罪になった曹操《そうそう》の身代わりとなって曹操に救出されたことがある。

一九〇年、曹操の挙兵に従い、騎兵隊長として各地を転戦、二〇〇年、曹操が官渡《かんと》で袁紹《えんしよう》を破り河北平定に向かったときは、後方に残って兗《えん》・予《よ》・徐《じよ》三州の役人を監督、糧秣補給の大役を果たした。

二〇一年、山東で呂布《りよふ》の旧将昌豨《しようき》が謀叛したときは于禁《うきん》を助けて平定し、帰還して典軍校尉に任ぜられた。奇襲作戦を得意とし、兵士たちから、「典軍校尉夏侯淵さま、三日で五百里、六日で千里」と讃えられた。

その後、青州の黄巾軍残党が再起して楽安県城を襲ったときは、泰山・斉・平原三郡の軍勢をひきいて急行し、頭目の徐和《じよわ》を斬って平定、二〇八年には行領軍に任ぜられて廬江（安徽省）で謀叛した雷緒《らいしよ》を撃破した。軍を北方に転じて山西南部から陝西《せんせい》の渭水《いすい》平野東部の平定に従った。

二一二年、行護軍将軍に任ぜられ、朱霊《しゆれい》・露招《ろしよう》らをひきいて長安に駐屯、武関（陝西省東部）街道を占拠していた劉雄鳴《りゆうゆうめい》を破ったのを皮切りに、関中平野の各地を転戦、同地に勢力を伸ばしていた豪族馬超《ばちよう》を撃破した。

下邳の風景は夏侯淵の活躍した時代と変わらないようだ。

二一四年、涼州漢陽郡の祁山《きざん》を守る姜叙《きようじよ》が馬超に包囲されて救援を求めてきたとき、先ず曹操の指示を仰ぐべしと主張する諸将を、「曹公のいる鄴まで往復四千里もある。そんなことをしていたら姜叙は敗れてしまう」

と一喝して祁山へ急行、部将張郃《ちようこう》ひきいる歩騎五千を先鋒として派遣、馬超を破って祁山を救った。

この年十月、隴西《ろうせい》郡（甘粛省）枹罕《ふかん》で三十余年にわたって独立王国を築いていた宋建《そうけん》の討伐を命じられ、宋建を斬ってその配下にあった羌《きよう》族を平定、曹操から、

「宋建が謀叛して三十余年、夏侯淵はただ一戦でこれを滅ぼし、隴西を闊歩して向かうところ敵なしであった」

と激賞された。もっとも、かねがね曹操からは、

「将たる者は、時には慎重でなければならず、勇気を恃《たの》むばかりであってはならない。勇気は将たる者の基本的な条件だが、敵と戦う時は智謀と計略を巡らさなければならない。勇気一点張りでは、一人の敵を相手にすることしかできんぞ」

と注意されていた。

二一九年、劉備との漢中攻防戦の際には、征西将軍として全軍の指揮を執ったが、定軍山で蜀の老将黄忠《こうちゆう》の奇襲にあって陣没した。

魏

泣く子も黙る剛将

張《ちょう》 遼《りょう》

〈一六九～二二一年〉

字は文遠《ぶんえん》、雁門《がんもん》郡馬邑《ばゆう》（山西省朔《さく》県）の人。曹操《そうそう》軍団のなかでも筆頭に上げられる武将。

始めは、董卓《とうたく》や呂布《りょふ》に従っていたが、呂布が曹操に敗れたあと、配下を引き連れて曹操に帰順した。曹操は、その抜群の武勇を認めて、ただちに中郎将に任命し、関内侯の爵位を贈って重用した。

各地を転戦して数々の武功を上げ、「曹操麾下に張遼あり」と天下にその名を轟かせたが、なかでも呉の人々は、〝張遼〟と聞いただけで恐怖の表情を浮かべたという。その経緯は、こうである。

二一五年、曹操は漢中の張魯《ちょうろ》討伐に出陣するに当たって、呉に対する備えとして、張遼に命じて、李典《りてん》、楽進《がくしん》の二将軍、及び七千の兵士とともに合肥《ごうひ》（安徽省）に駐屯させた。その際、曹操は、「敵軍来襲の際、開封のこと」という書き付けを残した。

果たして孫権《そんけん》が十万の大軍をひきいて急襲してきたので、書き付けを開くと、「張遼、李典が城外に出て戦い、楽進は守りを固めよ」とあった。が、敵の大軍を目の当たりにした将兵は、みなしり込みして城外に撃って出ようとしない。

「敵の包囲網が整わぬうちに、先制攻撃をかけて敵の鋭気を挫き、それから守りを固めよ、と曹公は仰せられているのだ」

孫権も恐れた張遼の勇猛果敢。
関羽を追って許昌の灞陵橋に。

張遼はこう言って、八百人の決死の士を募るや、戟を片手に真っ先に立って敵陣に突入、敵兵を斬り捨てながら本陣に殺到して孫権の間近に迫る。

仰天した孫権は大慌てで丘に逃げ登り、側近は周章狼狽しながらも主君を庇って、辛うじて鋭鋒をかわした。度肝を抜かれて呆然とする呉軍のなかを引き揚げてきた張遼は、改めて守りを固める。

この一戦で呉軍はすっかり意気阻喪し、それから十日余りのあいだ合肥を包囲したものの、落とせぬまま引き揚げを開始した。

それを見た張遼は、全軍を率いて追撃し、後一歩で、孫権を捕虜にするところまで追い詰めた。

それからというもの、呉の領内では、「張遼が来るよ」といえば、どんな駄々っ子もこの一言でピタリと泣き止んだという。

後年、張遼は重い病にかかって、しばらく療養につとめていたが、小康を得ると文帝曹《そう》丕《ひ》の命によって、水軍を指揮して長江沿岸に出撃した。孫権は恐れおののいて、

「病中とはいえ、相手はあの張遼だ。まともに戦ってはならぬ。よくよく注意せよ」

と、将軍たちに指示を与えたという。

それからしばらくして、張遼は病い改まって亡くなった。剛侯と諡された。

魏

獄死した曹操の侍医

華《か》佗《た》

〈生没年不詳〉

字は元化《げんか》、沛《はい》国譙《しょう》県（安徽省亳《はく》県）の人。〝養生術〟に通じていて、世間では、「あの人は百歳にもなるのに、まるで壮年のようだ」と評判だったという。

華佗は、薬の処方に精通していて、数種の生薬を取り合わせて煎じ、患者に飲ませるとたちまち病気はよくなった。灸を据える場合でも、鍼《はり》を打つ場合でも、一、二ヵ所据えたり打つだけで治してしまう。

もし病巣が内臓にあって、鍼や薬で治療できないときは、〝麻沸散《まふつさん》〟という麻酔薬を飲ませて患者を眠らせ、切開して病巣を剔出《てきしゅつ》し、あとは縫い合わせて軟膏《なんこう》を擦り込んでおく。こうすれば四、五日で傷口はふさがり、痛みも引く。一ヵ月も安静にしていれば完全によくなった。

その評判が曹操《そうそう》の耳に達し、華佗は侍医として召し抱えられる。曹操は頭痛の持病があり、たびたび発作に苦しめられていたが、華佗に鍼を打ってもらうだけで、発作はたちどころに治まるのだった。曹操はすっかり華佗を頼りにし、つきっきりで診させるようになった。

が、華佗は、自分は士人だという意識があり、医者としか思われないのが心外だった。そこで、暇をもらって帰郷したのを潮に、妻の病気を口実にして出仕を拒み、曹操から矢の催促があっても腰を上げようとしなかった。

あらゆる医術に長じた華佗。関羽は治療中、馬良と酒を飲み肉を食らい碁をさす。（湖北省荊州市）

曹操は激怒し、部下を派遣して、華佗の様子を調べさせた。本当に妻が病気なら、日を限ってもう少し暇を取らせてもよい。だが、嘘だったらただちに引っ捕らえてこい、と命令した。こうして、華佗は護送されて獄につながれ、罪を認めた。

「華佗の医術は世に並びなきもの、人の命がかれの腕にかかっています」

と、荀彧《じゅんいく》が助命を嘆願したが、

「医者なぞ天下に掃いて捨てるほどいるわ」

曹操は取り合わず、とうとう獄死させた。いまわのきわに、華佗は一巻の医書を獄吏に差し出していった。

「これがあれば、人の命を救うことができましょう」

ところが、獄吏は後難を恐れて受け取ろうとしない。華佗も無理強いせず、火を借りてその書を焼いてしまった。

華佗の死後も、曹操は相変わらず頭痛に悩まされたが、それ以上に痛手だったのが、息子の曹沖《そうちゅう》を十三歳で病死させたことだった。

二十五人いた息子のなかで、もっとも寵愛し、後を継がせたいと公言していた天才児の死に、曹操の悲しみようは尋常でなく、華佗を殺してしまったことを悔やむことしきりだったという。

魏

老獪にして陰険な策士

司《し》馬《ば》　懿《い》

〈一七九～二五一年〉

字は仲達《ちゅうたつ》、河内《かだい》郡温《おん》県（河南省温県）の人。京兆尹《けいちょういん》（警視総監）をつとめた司馬防《しばぼう》の次男として生まれた。

兄司馬朗《しばろう》（字は伯達）以下八人兄弟がいずれも優秀だったので、「司馬家の八達」と称された。兄弟の字にすべて「達」の字がついていたからである。

そのなかでも次男の司馬懿は、少年時代から出色の人物で、人物鑑定の名人として知られる楊俊《ようしゅん》が、二十歳前の司馬懿を一目見て、なみなみならぬ大器だと太鼓判を押している。

また、兄の友人崔琰《さいえん》も、あるとき司馬朗にこういったという。

「きみの弟は頭も切れるし、胆力も人並み以上に優れている。きみなど逆立ちしても及ばぬぞ」

こうした評判が曹操《そうそう》の耳に達する。人材招致に熱心だった曹操は、さっそく自分の部下にならないかと誘いをかけてきた。

が、このときは病身を理由に出仕を断わっている。曹操ごとき成り上がり者に、膝を屈したくない、という名門意識が働いたようである。

しかし曹操はあきらめない。二〇八年、丞相となるや再度、司馬懿のもとに招請の使者を出す。このとき曹操は、使者にこう言いふくめたという。

「もしまた、ぐずぐずいうようだったら引きくくってでも連れてこい」

身の危険を感じた司馬懿は、やむなく承諾した。こうして太子曹丕《そうひ》の相手役を振り出しに、侍従・建議官から丞相府事務次官を歴任する。

曹操が魏王になると、太子付きの書記官となり、重大問題には必ず諮問を受け、そのつど人を唸らせる献策をして曹丕から深く信任された。

やがて軍の参謀に転じ、農業推進策を建言し、魏の国家財政を急速に好転させた。

また、関羽《かんう》の勢いに恐れをなして都を黄河の北に移そうとした曹操に、孫権《そんけん》と連携して関羽を挟撃する作戦を進言、これが功を奏して魏のピンチを救った。

二二〇年、曹丕が後漢の献帝の禅譲を受けて魏王朝を興すと、皇帝政務秘書長から、撫軍将軍に任ぜられて兵五千の指揮権を与えられたうえ、皇帝補佐官、宰相職の兼務を命ぜられた。

文帝（曹丕）が遠征するときには必ず留守居役をまかされ、

「朕が東征するときは西の蜀《しょく》に備え、朕が西征するときは東の呉《ご》に備えよ」

との詔勅を受けている。

二二六年、明帝（曹叡《そうえい》）の即位とともに舞陽侯に封ぜられ、孫権を江夏で、諸葛瑾《しょかつきん》を襄陽で敗走させて驃騎将軍に昇進した。

翌年、荊州・予州の軍事権をゆだねられ、宛《えん》に駐屯して呉の動きに備えたが、諸葛亮《しょかつりょう》が最初の北征軍を起こし、魏の新城郡太守孟《もう》達《たつ》がこれに内応する動きを示すと、まず親書を送って孟達を油断させ、その間に昼夜兼行で進軍、わずか八日で上庸《じょうよう》に攻め上って孟達を討ち取り、禍根を未然に断った。

三年後、諸葛亮が再度祁山《きざん》に進撃すると、病に倒れた曹真《そうしん》に代わって、急遽、宛から呼ばれて西部方面軍の指揮を取った。

この第一回目の両者の対決は、兵糧の補給に事欠いた蜀軍が撤退して終わった。

それから三年後の二三四年、諸葛亮は斜谷《やこく》から最後の出撃をし、五丈原に布陣した。

これを迎え撃つ司馬懿は、諸葛亮のたびたびの挑戦にもかかわらず、ひたすら守りを固めて戦おうとせず、対峙すること百余日、諸葛亮が病を得て陣没したため、またもや蜀軍は撤退を余儀なくされ、司馬懿の作戦勝ちとなった。

このとき司馬懿は、引き揚げていく蜀軍を追撃したが、蜀軍が反攻の姿勢を見せると急いで兵を引いた。

「死せる諸葛、生ける仲達を走らす」とは、これを見ていた土地の者がはやし立てた言葉だが、それを聞いて司馬懿は苦笑しながら言ったという。

「生きている人間なら計略もかけられようが、死んだ人間相手ではどうにもならん」

司馬懿には、撤退する敵を本気で叩く意図はなく、一応の恰好だけつけたのだ。

その翌年、太尉に昇進し、引き続き長安に駐屯していたが、遼東で太守公孫淵《こうそんえん》が魏に反旗をひるがえすに及んで討伐を命ぜられた。

仲達は孔明に一歩も譲らなかった。葫蘆谷の旧跡にて。

万端の準備を整えて遠征にのぞみ、敵の本拠襄平を包囲した。

折からの長雨で、諸将が早期に決着をつけるべく積極策を進言するなか、手も足も出ないふりをして敵を安心させる猫かぶり戦術をとり、食糧が尽きかけて投降を求めてきたところを一挙に潰滅した。

二三九年、幼帝(曹芳《そうほう》)が即位すると、曹爽《そうそう》とともにその補佐に当たったが、やがて名誉職に祭り上げられ、曹爽一派が朝政を専断するに及んで、病気を理由に自邸に引きこもった。

老人ボケを装って曹爽らを油断させ、二四九年、突如クーデターを決行し、曹爽一派を打倒して、一気に朝政の実権を握って丞相の位に就いた。

二五一年、王淩《おうりょう》の反乱を平定して、司馬氏の権力を揺るぎないものとし、相国の位に上ったが、八月、洛陽で死去した。

享年七十三。後年、孫の司馬炎《しばえん》が魏に代わって晋王朝を創建するに及んで、宣帝と諡された。

かつて曹操は、三頭の馬が一つの槽《おけ》(曹に通ずる)の飼い葉を食っている夢を見て、不吉な予感にとらわれ、

「司馬懿は人の風下に立つ人物ではない。将来、わが家を乗っ取られるかも知れぬぞ」

と太子の曹丕に言ったことがあり、その予感が当たったことになる。

『晋書』によれば、司馬懿は内心では嫌っていても態度には決して出さず、猜疑心が強くて応変の術が巧みだったという。

また、かれには「狼顧《ろうこ》の相」といわれる面白い身体的特徴があったといわれる。体はそのまま動かさずに、首だけ百八十度回転させて後ろを振り返ることができた、というのである。

魏

三国時代を終焉させた男

司馬《しば》　炎《えん》

〈二三六～二九〇年〉

字は安世《あんせい》。河内郡温（河南省洛陽市）の人。晋《しん》王朝の初代皇帝。在位二六五～二九〇年。司馬昭《しばしょう》の長子で、司馬懿《しばい》の孫に当たる。二六四年、晋王司馬昭の太子に立てられ、翌年、父の死とともに、相国、晋王の位を継いだ。

司馬氏はすでに、祖父の司馬懿、伯父の司《し》馬師《ばし》、父の司馬昭の三代にわたって魏王朝内に確固たる勢力を培ってきた。また、司馬昭の時代には、宿敵の蜀を滅ぼしている。

司馬炎は、この地盤に乗って魏帝曹奐《そうかん》に譲位を迫り、ついに魏帝を廃して帝位につき、晋王朝を起こした。魏王朝は、文帝曹丕《そうひ》以来、わずか四十五年で滅びたことになる。

晋王朝の課題は、すでに蜀を平定していたので、残る呉を滅ぼして天下の統一をなし遂げることであった。司馬炎は、即位以来、みずから倹約に努めるいっぽう、一族を各地の王に封じて兵力を配備するなど、内部の体制固めをおこないつつ、都督の羊祜《ようこ》を荊《けい》州方面の司令官に起用して、呉攻略作戦の準備に取りかかった。ついで龍驤将軍の王濬《おうしゅん》も、長江上流の益《えき》州で水軍の整備にかかる。

これに対して、呉も名将の陸抗《りくこう》に長江一帯の防衛を命じ、一進一退のにらみ合いがつづいた。このころ、晋は西北方に起こった鮮卑《せんぴ》族の反乱鎮圧に手間取り、南に大軍を動員する余裕がなかったこともあって、この対峙の状態は十年近くもつづいた。

司馬炎が攻めた鄂州。町の気風に往時がしのばれる。

その間に、羊祜は杜預《とよ》を後任に推挙して病死し、呉の大都督陸抗も世を去った。あたかも呉では、皇帝の孫晧《そんこう》が人心を失って久しいという。

二七九年、晋は二十数万の大軍を動員し、六つのルートから呉の都建業《けんぎょう》（南京）を目指した。呉は、長江に鉄の鎖を張り渡し水中に鉄錐を立てて、艦船の通航を妨害しようとしたが、あらかじめ情報を得ていた晋軍はこれを突破。そのうえ、呉軍が最後の抵抗にとかき集めた二万の兵士が、明日出陣という夜になって一人残らず逃げ去ってしまった。

もはや孫晧には、なすすべもない。作法どおり、みずからの手を後ろ手に縛って、晋軍の前に出頭し、呉は滅亡した。かくして晋王朝のもとに天下はふたたび統一され、三国時代に終止符が打たれた。

司馬炎が皇帝の位にあったのは、前後二十六年にわたる。治世の前半は倹約を旨とし、気を引き締めて政治に当たったが、呉を滅ぼして天下を統一してからは、いっぺんに緊張が弛んでしまったらしい。政治をまったく顧みず、孫晧の後宮から引き取った美女五千人を相手に、日々酒宴に明け暮れたという。彼の死後、晋王朝はたちまち衰亡の道を辿る。

魏

長江を進撃する『左伝癖』の猛将軍

杜《と》預《よ》

〈二二二～二八四年〉

字は元凱《げんがい》、京兆郡杜陵（陝西省西安市）の人。「呉討伐にはなくてはならぬ人物」との老将羊祜《ようこ》の推挙によって、鎮南大将軍・荊州都督に任命される。「呉平定のチャンスは、今しかありません」と司馬炎《しばえん》に上奏文を呈して、その決断を促した。

二八〇年、晋軍は、二十万余の大軍を動員し、六つのルートから呉の都建業を目指した。このとき杜預は、襄陽《じょうよう》から進撃を開始した。まず、参軍の樊顕、尹林、鄧圭、襄陽太守の周奇らに兵を授け、長江の西岸一帯の敵城を攻撃させた。かれらは杜預の作戦計画に従って、わずか十日間でつぎつぎと平定していった。さらに杜預は、副官の管定、周旨、伍巣らに奇襲部隊として兵八百を与え、夜陰にまぎれて長江をわたり、対岸の楽郷に上陸させた。

かれらは、要害の地に陣取ると、まず旗指物を林立させ、近くの巴山《はざん》に火を放って敵の度肝を抜いた。楽郷駐屯軍司令官の孫歆《そんきん》はすっかり怖じ気づき、江陵駐屯軍司令官の伍延《ごえん》に手紙を送ってこう述べた。

「敵は、長江の上を飛んできましたぞ」

ここで、呉の住民一万余が晋にくだった。

周旨、伍巣らは、楽郷城外に伏兵をおき、孫歆の配下が龍驤将軍王濬《おうしゅん》の軍に大敗して城に逃げ戻るところへ、伏兵をまぎれ込ませ、城内に潜入させた。

呉をめざした杜預が進撃を開始した襄陽。
いまでは鵜飼漁がさかん。

孫歆はまったく気づかない。すかさずかれらは本営になだれ込み、孫歆を引っ捕らえて帰還した。晋の軍中では、これを歌にして、

「戦のかわりに奇策を用い、一人の兵で万人の働き」

とはやし立てたという。こうして杜預はさらに軍を進め、江陵を奪い、武昌を攻め落とすと、

「わが軍の士気が大いに上がっているいま、〝破竹の勢い〟で攻めかかれば、敵は声を聞いただけでくだるであろう」

と、呉の都建業を攻略すべく諸将に檄を飛ばした。

晋の軍勢が、水陸両方から兵を進めれば、果たして呉軍はその旗印を見ただけで、つぎつぎと降伏する。呉帝孫皓《そんこう》は、もはやこれまでと、みずから晋軍のもとに出頭した。ここに呉は、孫権が帝位について以来、四代五十二年で滅びた。

なお、杜預は子どものころから読書に親しみ、古今の学に通じていた。とりわけ、『春秋左氏伝』を愛読し、いつも手元から離さず、外出のさいには供の者に馬前にささげさせるというほどで、自分から「左伝癖」と称していたという。

魏

反司馬氏クーデターに失敗

諸葛誕《しょかつたん》

〈生年不詳～二五八年〉

字は公休《こうきゅう》。琅邪《ろうや》国陽都（山東省臨沂県）の人。呉の諸葛瑾《しょかつきん》、蜀の諸葛亮《しょかつりょう》とは同族である。尚書郎として滎陽《けいよう》令に任じられてより、昇進を重ねて御史中丞となる。夏侯玄《かこうげん》、鄧颺《とうよう》ら当代の才人と親交を深めて名声を集めたが、虚名をもてはやす風潮を助長するとして、明帝曹叡《そうえい》から嫌われて免職された。が、間もなく明帝が没したため、復職する。

呉の諸葛恪《しょかつかく》が東関の役を起こしたとき、諸葛誕はその討伐を命ぜられたものの敗れて帰還、鎮南将軍に転任させられた。

二五五年、寿春で毌丘倹《かんきゅうけん》、文欽《ぶんきん》が司馬氏の専制に抗して反乱を起こしたさい、参加を呼びかける使者が諸葛誕のもとに派遣されてきたが、かれは使者を斬って捨てた。そして司馬師の命によって予《よ》州の軍を率いて寿春《じゅしゅん》に向かい、文欽の要請で救援に駆けつけた呉軍を撃退した。その功によって征東大将軍に任じられる。

しかし諸葛誕は、先に王淩《おうりょう》、今また毌丘倹が司馬氏によって誅滅されたことで恐怖と不安にとらわれ、寿春の守りを固めるとともに、さかんに自前の兵力を養成した。その報告を受けた司馬昭は、反乱の恐れありと見、かれを都に召しかえそうとした。

その動きに、いよいよ恐怖が募った諸葛誕は、二五七年、ついに反乱を起こした。まず揚州刺史の楽綝《がくちん》を血祭りにあげると、文欽同様、かれもまた呉に救援を要請した。呉はそれに応じて兵三万を送り、さらに呉に亡命中の文欽もこれに加わって、反乱軍は大規模なものとなった。

寿春の守りも崩されて司馬氏に敗れる諸葛誕。南陽の武侯祠には従兄弟の諸葛孔明がまつられている。

大将軍司馬昭は、みずから二十六万の大軍を率いて出陣、寿春に分厚い包囲網を敷く。文欽らは城内から何度も討って出て包囲網を切り崩しにかかったが、そのたびに敗退して城内に閉じこもった。やがて寿春城は食糧が欠乏したうえ、救援軍の望みも断たれて孤立無援の状態に陥り、投降する者もしだいに増えて数万に達した。

こんな状況のさなか、諸葛誕は作戦をめぐって文欽と激しく対立、あげくの果てに、かれを殺害してしまったのである。そのため、文欽の二人の子は城を脱出して司馬昭に帰順、すぐさま将軍に取り立てられ、関内侯の爵位まで与えられた。これを知った城内の将兵は、まるで戦意を喪失してしまった。

追い詰められた諸葛誕は、もはやこれまでと、わずかの配下とともに脱出をはかったが果たさず、壮烈な最期を遂げた。

残る諸将はつぎつぎと降伏したが、諸葛誕麾下の数百人の将兵だけは最後まで降伏を肯んぜず、

「諸葛公のために死ぬのは、むしろ本望である」

と言って、かれに殉じたという。

魏

曹《そう》洪《こう》

一命を賭して曹操を救う

〈生年不詳～二三一年〉

字は子廉《しれん》、沛《はい》国譙《しょう》県の人。曹操《そうそう》の従弟。父親は尚書令曹鼎《そうてい》。一九〇年、曹操の挙兵に参加し、曹操が滎陽《けいよう》で董卓《とうたく》の武将徐栄《じょえい》の待ち伏せにあって大敗、乗馬を失って危地に陥ったとき、「天下に吾なくも可なるも、君無くんば不可なり」と自らの乗馬を差し出し、自らは徒歩で敵中を斬り抜けた。

その後も曹操を助けて各地を転戦、献帝の許都遷都（一九六）にあたって諫議大夫を拝命した。二〇八年の南征作戦では先鋒として博望《はくぼう》の合戦などに参加、厲鋒《れいほう》将軍・都護将軍などを経て、二二〇年、文帝即位とともに衛将軍から驃騎将軍に昇った。

曹洪は生来、吝嗇で蓄財に励んだ。曹操が司空（蔵相）となって富豪から財産税を徴募したとき、台帳を作成した譙県令から曹操家の家産が曹洪家と同等と報告され、「わしのところに曹洪ほどあるはずがない」と言ったという。

また、曹洪は若い頃、曹丕《そうひ》の借金申し入れを拒否したことがあり、それを根に持った曹丕により、後年（二二六年）、その幕僚の犯罪を口実に捕らえられて死刑を宣告されたことがある。

その時は、卞《べん》太后（曹丕の生母）の「滎陽の戦いのとき、曹洪がいなかったら魏国の今日はないのですよ」との取りなしによって死刑を免れたものの、官職を剝奪され、家産も没収の憂き目にあった。

二二七年、明帝即位とともに名誉を回復、後将軍を経て驃騎将軍に昇った。

司《し》馬《ば》師《し》

沈着、剛毅で天下を狙う

〈二〇八～二五五年〉

字は子元《しげん》、司馬懿《しばい》の長子、晋《しん》の武帝司馬炎《しばえん》の伯父。

沈着、剛毅、若くして名を知られ、時の権力者曹爽《そうそう》の腹心で言論界の指導者でもあった何晏《かあん》から「いずれ天下を切り回す人物」と評された。

二四九年、父司馬懿のクーデター計画に参画し、曹爽らが明帝（曹叡《そうえい》）の陵墓参詣のために天子（曹芳《そうほう》）に従って都を空けた虚に乗じて挙兵、曹氏の勢力を一掃したときには、日頃、民間に潜ませておいた決死の兵三千を召集して都門を固めた。

どこからともなく現れて整然と整列した軍勢を見て、司馬懿は「これぞわが息子」と驚嘆した。

二五一年、司馬懿が死ぬと、大将軍に昇って軍政の大権を握った。二五四年には政権の奪回を謀った魏帝曹芳を廃して斉王に下し、十四歳の高貴郷公曹髦《そうぼう》を帝位に即けるなど、司馬氏専横の時代を築いた。

二五五年、鎮東大将軍毌丘倹《かんきゅうけん》、雍《よう》州刺史文欽《ぶんきん》が呉と結んで挙兵し、兵六万をひきいて都へ攻め上ったときには、自ら歩騎十余万をひきいて許昌西南の濦橋《いんきょう》に出陣、持久戦術をとって撃破した。

司馬師はかねてから目を病んでいたが、この戦中、文欽の子文鴦《ぶんおう》（十八歳）の奇襲を受け、驚愕のあまり目玉が飛び出してしまった。兵士の動揺を恐れてそれを隠した。激痛を堪えるために布団を噛み破ったほどだったが、結局、許昌まで戻ったところで死んだ。

魏

曹操の腹心で常勝の軍師
荀《じゅん》攸《ゆう》
〈一五七～二一四年〉

字は公達《こうたつ》、潁川《えいせん》郡潁陰の人。荀彧《じゅんいく》の遠縁の甥に当たるが、六歳年長だったという。幼くして父親を失い祖父の広陵太守荀曇《じゅんたん》に育てられたが、その祖父が死んだとき、墓守を志願して出た男がいた。

当時十三歳だった荀攸は、その男を見て叔父の荀衢《じゅんく》に「あの男、顔に陰があります。尋常ではありません」と言った。

叔父が調べてみると、果たして殺人を犯し逃げてきた者だった。以来、異能をもって知られるようになった。

一八九年、少帝を擁立して権力を握った何《か》進《しん》に呼び出されて黄門侍郎に任ぜられた。専横の時代には、同志と董卓暗殺を謀って失敗、獄につながれたこともあった。

一九六年、曹操の招きで許都におもむいた。曹操は「公達は非常の人――ずば抜けた人物だ。彼がいれば、この先、何も心配することはない」と喜び、軍師（参謀長）とした。

一九九年、袁紹《えんしょう》の大将顔良《がんりょう》が白馬城を包囲したとき、荀攸は曹操に陽動作戦をとらせ、袁紹が軍勢を二分した隙に白馬に急行して包囲を解き、延津で袁紹の大軍を待ち伏せして撃破、この二次の戦役で袁紹軍の顔良・文《ぶん》醜《しゅう》両将を斬り袁紹軍を崩壊へ追いやった。

二〇七年、河北・遼西の平定完了のときの論功行賞では「忠義公正、よく緻密な策略を立て、国内外を鎮撫した功臣の第一は荀彧《じゅんいく》、第二は荀攸」と評価された。

二一四年、孫権征討戦の途中で病没、曹操はその知らせに落涙したという。

降伏の将、慚愧の死
于《う》禁《きん》
〈生年不詳～二二一年〉

字は文則《ぶんそく》、泰平郡鉅平《きょへい》の人。曹操《そうそう》の武将。はじめ済北《せいほく》国の相鮑信《ほうしん》の配下として黄巾軍討伐に加わっていたが、曹操が兗《えん》州牧となった一九二年、その配下に転じて軍司馬に任ぜられた。以来、曹操に従って各地を転戦、数々の功績を挙げて偏将軍に昇った。陳琳《ちんりん》、楽進《がくしん》、張郃《ちょうこう》、徐晃《じょこう》と並ぶ五将軍に数えられ、厳正な軍紀でもっとも恐れられていたが、その厳格さのため配下将兵の心をつかむことができなかった。

二一九年春、樊《はん》城守備の曹仁《そうじん》が関羽《かんう》に包囲されたとき、龐徳《ほうとく》とともに救援に向かったが、洪水のために将兵を失って水中に孤立、関羽の水軍に捕らえられた。龐徳は関羽の投降勧告を拒否して斬られたが、于禁は降伏した。これを聞いた曹操は、

「わしは于禁を知って三十年（じつは二十八年）になるが、まさか死を前にして怖じ気づき、龐徳に遅れをとるようなことになるとは……」

と絶句したという。

彼は江陵に送られて監禁されていたが、同年十二月、呉の呂蒙《りょもう》が江陵を急襲、占拠したときに救われて保護された。その後、二二〇年冬、孫権《そんけん》が文帝曹丕《そうひ》に臣従を誓ったとき、魏に送り返された。

彼は髪も真っ白になりやせ細った姿で曹丕に拝謁し、高陵（曹操の陵）参拝を命ぜられた。その廟の壁には、龐徳が関羽に斬られ、于禁が投降するありさまが描かれていた。彼は慚愧《ざんき》のあまり病に倒れ、間もなく死んだ。この壁画は曹丕が彼に見せるためにわざわざ描かせたものであった。

魏

江陵・樊城の籠城戦を戦い抜いた

曹《そう》仁《じん》

〈一六八～二二三年〉

字は子孝《しこう》、沛国譙県の人。曹操《そうそう》の従弟。父親は侍中・長水校尉に進んだ曹熾《そうし》。若い頃から弓馬の道に入り、曹操の挙兵（一九〇）に際し千余の配下をひきいて参加、別部司馬に任ぜられて以来、袁術《えんじゆつ》・陶謙《とうけん》・呂布《りよふ》討伐の各戦役につねに騎兵隊をひきいて参加した。一九六年、献帝の許都《きよと》遷都と曹操の権力掌握にともなって広陽太守に任ぜられたが、都に留まって議郎督騎（侍従官兼騎兵軍団長）として騎兵軍団の総指揮を委ねられた。

曹操の荊州平定戦（二〇八）に際しては征南将軍として江陵に駐屯、赤壁で大敗した曹操が引き揚げた後の江陵に駐屯して呉の周瑜《しゆうゆ》軍数万の一年にわたる猛攻に耐え、樊城に撤退して南陽郡の守備についた。

その後、蜀の荊州牧関羽《かんう》が二一九年、大軍をひきいて北上、樊城が包囲された。この時は漢水の大洪水で城中の数千人が水中に孤立し、救援の于禁《うきん》・龐徳《ほうとく》も関羽の手におちた。水は城に迫り、城内の兵糧も尽き果てたが、曹仁は死なばもろともと兵士を励まして徐晃《じよこう》の援軍の到着まで耐え抜き、逆に関羽を窮地に陥れた。

若いころ奔放な生活を送った彼は、武将として軍をひきいるようになってからは軍令を守り、法令集に照らしながら軍務を執行して後の文帝曹丕《そうひ》から「武将の鑑」と称賛されたほどだった。二二〇年、曹丕の魏王即位にあたり車騎将軍に、さらに同年の文帝即位とともに大将軍に昇って位人臣を極め、栄光のなかで死んだ。

孔明の侵攻を防ぐ戦略家

張《ちよう》郃《こう》

〈生年不詳～二三一年〉

字は儁乂《しゆんがい》、曹操《そうそう》配下の智将。河間郡鄚《ばく》県（河北省任丘県）の人。黄巾の乱のとき義勇軍に応募、冀州刺史の韓馥《かんふく》ついで袁紹《えんしよう》に仕え、公孫瓚《こうそんさん》との戦いでかずかずの功績を挙げて寧国中郎将に任ぜられた。「官渡の戦い」のとき、同輩の郭図《かくと》に讒言《ざんげん》されたため、曹操に帰順した。曹操は「漢の高祖が韓信《かんしん》を得たようなもの」と喜び、偏将軍に任じた。

以来、各地を転戦して、二一五年には曹操の漢中進駐作戦に従軍、曹操が許都へ帰ったあと夏侯惇《かこうとん》の副将として漢中に駐屯した。

二一八年、劉備《りゆうび》が益州の全軍をひきいて北上したとき、陽平関に布陣して劉備の漢中盆地侵入を阻止した。二一九年、定軍山で夏侯淵《かこうえん》が戦死したときには、主将を代行して混乱した軍勢を掌握、劉備軍の進出を阻止して曹操の到着まで漢中を守り抜いた。

二二三年、諸葛亮《しよかつりよう》が祁山《きざん》に出撃したときには、街亭《がいてい》に進出した先鋒の馬謖《ばしよく》を大破、蜀に寝返った南安・天水・安定の三郡を奪回した。兵法に精通し、陣取り、地形の利用にも長けて、戦って破れたことはなく、諸葛亮からも一目置かれていた。

二三一年、諸葛亮の第二次祁山出撃にさいしては司馬懿《しばい》に従って迎撃、迂回作戦を進言して聞かれず、逆に諸葛亮が撤退に転じたとき追撃を命じられた。逃げる敵を深追いすることは兵法の忌むところと反対したが、これも聞き入れられないまま出撃、木門《ぼくもん》山麓の谷で諸葛亮の伏兵に大敗、そのとき右膝に受けた矢傷がもとで死んだ。

魏

曹操の腹心として数々の武勲
程《てい》　昱《いく》
〈一四一〜二二〇年〉

字は仲徳《ちゅうとく》、東郡東阿の人。曹操《そうそう》の参謀。曹操が兗《えん》州刺史となって東郡に進駐した（一九二）とき、召し出されて寿張県令となった。

曹操の徐州出兵（一九四）に際しては荀《じゅん》彧《いく》とともに鄄《けん》城に残り、張邈《ちょうばく》、陳宮《ちんきゅう》が曹操を裏切って呂布《りょふ》を兗州に迎え入れ、州内各地の県令が呂布に降ったなかで、鄄城・范《はん》県・東阿の三城を確保、曹操の帰還まで守り抜いた。曹操は、

「君の力がなかったら、わしは帰るところもなくすところだった。君こそはわが腹心だ」

と言った。彼は本名を立と言ったが、このとき、曹操から上に日をくわえた昱という名を賜った。

この年、曹操は蝗害と干害で兵糧が尽きたため、しばらく袁紹《えんしょう》の配下に入って軍勢を養おうかと考えたことがあったが、程昱は、「袁紹には天下を統べる器量がなく、主と仰ぐべき人物とは言えない。兗州にはいまなお鄄城など三城があり、万余の軍勢もあり、荀彧やわたしがついている。覇王の業の達成は疑いない」

と曹操の再考を促し、思いとどまらせた。

一九九年、袁紹が冀《き》州十万の大軍をひきいて黄河南岸に侵攻したとき、わずか七百の兵力で最前線の鄄城を守っていた程昱は、曹操からの二千人の増援を断わった。無勢でいることで袁紹を油断させ、かえって城を失わずに済むと判断したからだった。

曹操は官渡の勝利の後、死中に活を求めた程昱の剛胆さを誉め称えた。

鄧艾から蜀を横取り
鍾《しょう》　会《かい》
〈二二五〜二六四年〉

字は士季《しき》、潁川《えいせん》郡長社の人。司馬昭《しばしょう》の参謀。王羲之《おうぎし》に並ぶ書家として有名な太傅鍾繇《しょうよう》の末子。幼少の時から秀才の名をほしいままにし、二十歳で出仕、高官を歴任して司馬昭の親任を得た。

司馬昭は彼を「わが張良《ちょうりょう》（漢初の名軍師）」と呼び、夫人王氏の「鍾会は利を見て義を忘れ、好んで騒ぎを起こす。大事な任務にはつけないよう」という諫めに耳もかさなかった。

二六三年、蜀《しょく》平定の大侵攻作戦展開に当たり、鎮西将軍として東路軍十余万をひきい斜《や》谷《こく》・駱谷道から漢中に入って、姜維《きょうい》の立てこもる剣閣を攻めた。剣閣は「一夫関に当たれば、万夫も開くなし」と歌われた難関、姜維の必死の抵抗にあって足止めを食った。

その間に鄧艾《とうがい》が西方の山岳地帯を迂回して成都平原に入ったため、劉禅《りゅうぜん》は戦わずして降伏、姜維はこの知らせを受けて投降した。

鄧艾に先を越された鍾会は、鄧艾が余勢を駆って江南へ攻め下ろうと主張したのにかこつけて、鄧艾が成都で独立を謀ると讒言《ざんげん》したうえ、鎮西軍司（軍目付）衛瓘《えいかん》に鄧艾逮捕を命じて成都へ先行させた。

衛瓘が鄧艾に殺されると見越し、それを口実に鄧艾を攻め滅ぼして蜀を乗っ取ろうと考えたのである。しかし、身の危険を感じた衛瓘が策略を巡らせて鄧艾を生け捕りにしたので、鄧艾を都へ送った。

彼は蜀の再興を目指す姜維に懐柔されて謀叛を決意、「成功すれば天下を握り、失敗しても蜀で独立できる」と豪語したが、露見して姜維ともども城内で斬り殺された。

魏

「鶏肋」に答えた才子
楊《よう》脩《しゅう》
〈一七五～二一九年〉

字は徳祖《とくそ》。魏の謀臣。高祖（祖父の祖父）楊震《ようしん》以来、父親の楊彪《ようひょう》にいたる四代つづけて太尉（三公の最高位。丞相職）に昇った名門の貴公子。博学の才子で曹操《そうそう》の丞相府の主簿（総務部長）となり、敏腕をふるった。また、曹植《そうしょく》には文学上の先輩として慕われた。

二一九年、漢中で夏侯淵《かこうえん》が戦死したとき、曹操は奪回のために長安から斜谷《やこく》道を経て漢中に出ようとしたが、劉備《りゅうび》に陽平の関門を固められたために、盆地に出ることができぬまおよそ二ヵ月間、雨の谷間での滞陣を強いられた。

この間に脱走兵が続出、苦慮した曹操は引き揚げを決意して、ある日、「鶏肋」という布令を下した。鶏の肋、いわゆる「がら」だ。「がら？　いったいどうせよと言われるのか」

あっけにとられる属官たちを尻目に、楊脩はさっさと帰り支度を始めた。

「鶏の肋は棄てるには惜しい気がするが、かと言って、食べることもできない。王は漢中をこのがらにたとえられた。つまり、王は漢中の放棄を決意されたのだ」

また、彼は外出するときには、曹操からの諮問を想定してあらかじめ数条の答案を作成、留守の者に、

「ご下問があったら、上から順に差し出すよう」

と命じた。事情を知った曹操は恐るべき奴と、彼が曹植を太子に擁立しようとした事件にかこつけて処刑した。

蜀を滅ぼしながら非業の死
鄧《とう》艾《がい》
〈一九七～二六四年〉

字は士載《しさい》、義陽郡棘陽《きょくよう》（河南省）の人。魏の武将。貧家に育ち、郡の下役人となったが、兵法を好んで農村見回りの途中でも、地形の利用や軍勢の配置などの研究を怠ったことがなかった。のち、公用で上京したとき、太尉司馬懿《しばい》に認められ、その配下に抜擢された。

淮水《わいすい》流域の用水路や運河の開発を進言して軍事力強化に貢献。二五五年には司馬師に従って毌丘倹《かんきゅうけん》・文欽《ぶんきん》の乱平定に活躍。二五六年以来、征西将軍として隴西《ろうせい》（甘粛省）に駐屯し、蜀の姜維《きょうい》のたびたびの侵攻を撃退した。

二六三年、大将軍司馬昭《しばしょう》が蜀進攻作戦を発動したときには、漢中から南下する鍾会《しょうかい》の東路軍と並んで西路軍をひきい隴西から南下した。姜維が立てこもった剣閣の西方を迂回して無人の山岳地帯に分け入り、七百余里（三百キロ）を一気に踏破して江油（四川省平武県）を急襲した。絶壁を背後にして敵襲など考えてもいなかった守将は、魏軍の突然の出現に周章狼狽、戦わずして降伏した。

ひきつづき南下、綿竹《めんちく》では頑強に抵抗した蜀の衛将軍諸葛瞻《しょかつせん》（諸葛亮の子）を斬り、敗走する蜀軍を追って雒《らく》城に入ったところで、蜀の後主劉禅《りゅうぜん》の投降を受け入れた。

鄧艾は己の大功に慢心、余勢を駆って呉へ攻め下ることを上奏した。司馬昭からいったん引き揚げを指示されたが従わなかったところ、ライバルの鍾会《しょうかい》の「独立を企む」との讒言にあって反逆罪で逮捕され、囚人車で都へ連れ戻されたうえ、一族皆殺しの極刑に処せられた。

魏

曹操の信頼あつかった独眼龍将軍

夏侯《かこう》惇《とん》

〈生年不詳～二二〇年〉

字は元譲《げんじょう》。予州沛《はい》国譙《しょう》県の人。曹操《そうそう》の父曹嵩《そうすう》の生家である夏侯家の人で、曹操の父方の従兄弟に当たる。

曹操が一九〇年に董卓《とうたく》討伐を称えて挙兵したとき、夏侯一族をひきいて真っ先に駆けつけた。

彼は十四歳のとき、師事していた塾の先生を侮辱した者を殺し、剛毅な若者として世間に知られていたが、曹操の挙兵以来、各地を転戦、数々の戦功を挙げた。

一九四年、曹操に従って定陶《ていとう》で呂布《りょふ》を攻めたとき、流れ矢を受けて左眼を失った。

『三国志演義』では、この時、彼が刺さった矢を引き抜いたところ、鏃《やじり》とともに目の玉まで抜けて出てきたので、

「これは父母の血だ。棄ててなるものか」

がぶりと呑み込むや、再び槍をとって敵中へ突進、矢を射た者を突き殺したとしている。

この後、彼は従弟の夏侯淵《かこうえん》と区別するため「盲夏侯《もうかこう》」と呼ばれたが、彼はこれを嫌い、鏡で我が顔を見るたびに、怒って鏡を叩き割ったという。

彼は戦場にも学者を同行して講義を聞き、兵士たちと労苦をともにし、つましい生活を送って、余財が出ればすべて兵士たちに分け与えた。曹操の信頼厚く、あまたの将軍のなかで、寝室の中にまで出入りを許されたのは彼一人だけだったという。

二二〇年、魏《ぎ》の文帝（曹丕《そうひ》）の即位にともない大将軍に任ぜられて位人臣を極めるにいたったが、わずか数ヵ月で死んだ。

曹操に代わって立ち往生

典《てん》韋《い》

〈生年不詳～一九七年〉

陳留郡己吾《きご》の人。魏の武将。容貌魁偉、抜群の腕力を誇る任侠の人で、若いころ知人のために一人で富春県庁に潜入、県長夫妻を殺して天下の侠客たちに名を知られた。

はじめ陳留郡太守張邈《ちょうばく》の部将の配下となり、夏侯惇《かこうとん》の配下に転じた。曹操《そうそう》が呂布《りょふ》を討った濮陽《ぼくよう》の戦い（一九四）に夏侯惇配下の司馬（隊長）として参加、曹操の突入隊募集に真っ先に応じ、数十名の隊士をひきいて敵陣に突入した。

矢の雨のなか面を伏せて突き進み、後につづく隊士に「敵が十歩まで迫ったら言え」と命じ、「十歩」と聞くと、さらに「五歩まで来たら言え」と言った。そして隊士の「来ました」という声と同時に顔を挙げ、怒号とともに手にした短戟数十本を矢継ぎ早に投げつけた。敵はその一本ごとに倒れ、総崩れとなって逃走した。

曹操は彼を引見してその場で都尉に取り立て、数百人をひきいる親衛隊長とした。以来、終日傍らに立ち、夜は宿直に当たった。

大きな二股の槍（双戟）や長刀を愛用し、兵士たちは「幕下に豪傑典君あり、得物は双戟八十斤（十七・六キロ）」と言いはやした。

一九七年、曹操が宛《えん》城で帰順した張繡《ちょうしゅう》の夜討ちに遇ったとき、十数名の部下とともに曹操の脱出を援護して、殺到する敵勢の前に立ちふさがった。

戟を振るって敵を食い止めるうち、部下全員が戦死し、自分も身に数十の傷を受けながら白兵戦を演じたすえ、大喝一声、カッと目を剝いたまま息絶えた。曹操は泣いて遺体を引き取り、手厚く葬った。

魏

怪力無双、トラと呼ばれる
許《きょ》褚《ちょ》
〈一三六〜二九〇年〉

字は仲康《ちゅうこう》、沛国譙県の人。魏の武将。身の丈八尺（百九十センチ）、太い腰、容貌魁偉。左右の手で牛二頭の尾を握って百歩余りも引きずったという怪力の持ち主だった。一九六年頃、配下の「侠客」百余人を連れて曹操《そうそう》に帰順した。

「侠客」とは「義」に生きる命知らずの剣客のこと。曹操は許褚に会って、「これぞわが樊噲《はんかい》（漢の高祖の武将）」と喜び、その場で都尉に任じて身辺警固に当たらせ、配下の「侠客」たちも同時に「虎士」（警固隊員）に取り立てた。

以来、曹操の身辺にあって警固に当たることになったが、二一一年、潼関《とうかん》の戦いの緒戦で、曹操が黄河渡河戦で馬超《ばちょう》の追撃にあったときには、船頭が矢を浴びて死んだため、左手に盾代わりの馬の鞍をかざしながら、右手で櫓を操って対岸に漕ぎつけ曹操を守った。

その後、戦場で曹操が馬超・韓遂《かんすい》と会見したとき、馬超はその場で曹操を討ち果たそうとしたが、曹操に従う許褚を見て、

「ご配下にトラ将軍（虎侯）と呼ばれる方がいらっしゃるそうですが、いずれに」

と聞いたところ、曹操が、「これにおる」と顎で指し、許褚がぎょろりと大目玉をむいたので、ぞっとして引き下がったという。

許褚はかねがね兵士たちからトラのように勇猛で、忠義一途（痴）の人―虎痴《こち》―と呼ばれていたのである。

平素は慎重で寡黙な人だった。曹操が死んだときは号泣して血を吐いたという。

大義に殉じた白馬将軍
龐《ほう》徳《とく》
〈生年不詳〜二一九年〉

字は令明《れいめい》、南安郡狟道《かんどう》（甘粛省隴西県東南）の人。魏の武将。はじめ関中の豪族馬騰《ばとう》、その子馬超《ばちょう》に仕えて勇名を馳せたが、曹操《そうそう》に敗れて馬超とともに漢中に逃亡、張魯《ちょうろ》の配下に入った。二一五年、漢中に侵攻した曹操に帰順、立義将軍に任ぜられた。

二一九年春、宛《えん》城で謀叛した侯音《こういん》を斬り、ついで樊《はん》城で曹仁《そうじん》とともに関羽を迎え撃った。その五月、漢中に残っていた彼の従兄が劉備《りゅうび》に帰順したために帰趨《きすう》を疑われたが、彼はつねに言っていた。

「国恩に報ずるためには、死を惜しむものではない。わしが死ぬか、関羽が死ぬか、今こそその時だ」

そして攻め寄せた関羽の額に矢を浴びせたこともある。陣頭ではつねに白馬に乗っていたので「白馬将軍」と呼ばれ、関羽軍の将兵に恐れられた。

樊城の北十里に布陣して城内に立てこもる曹仁と呼応する態勢をとっていたが、おりからの洪水にあって将兵を失い、大将たちと高地に避難していたところ、関羽の水軍に包囲された。

矢が尽きるまで戦ったすえ、小舟に乗り移って樊城へ向かったが、舟が転覆して捕らえられた。関羽に降伏を勧められたが、

「小僧め、わしに降伏せよだと。魏王は威名天下にとどろくお方。貴様の劉備など、足元にも寄れるものではない。わしは国家の鬼となるとも、賊の大将とはならん」

と拒否、従容として死に就いた。

曹操を手玉にとったマジシャン
左《さ》慈《じ》
〈生没年不詳〉

字は元放《げんほう》、揚州廬江《ろこう》郡の人。若くして神道（変化の術）を習得した。許都《きよと》での曹操《そうそう》の宴席で、「呉松江の鱸《すずき》」を所望され、その場で水を満たした銅の大皿から三尺（七十センチ）余の鱸を相次いで釣り上げ満座の者を驚嘆させた。曹操がわざと「蜀でとれる生姜《しょうが》が欲しい」と言うと、すぐ届くと予言し、そこへ蜀の錦を買いに行っていた使者が現地の生姜を持参した。

また、曹操が百人あまりの供を連れて狩りに出たとき、左慈が酒一升、肉一切れだけを持参、全員に振る舞った。全員が酔うまで飲んだが尽きることがなかった。不審に思った曹操が酒屋を調べさせると、どの酒屋の甕《かめ》も空になっていた。曹操がますます不気味に思い、逮捕して殺そうとしたところ、羊に変じて羊の群れに混じったまま、行方知れずになった。

曹操の覇業に貢献
郭《かく》嘉《か》
〈一七〇～二〇七年〉

字は奉孝《ほうこう》、潁川《えいせん》郡陽翟《よくてき》の人。同郷の荀彧《じゅんいく》の推挙によって曹操《そうそう》の幕僚となった。曹操はそのとき「わしに天下平定の大業を成し遂げさせてくれるのは、間違いなくこの男だ」と言い、郭嘉も「この人こそまことわたしの主人だ」と言ったという。

その後、徐州の呂布《りょふ》平定、官渡での袁紹《えんしょう》との対決、袁譚《えんたん》・袁尚《えんしょう》兄弟を相手にしての冀《き》州・并《へい》州平定作戦に従軍、適切な献策で曹操の勝利に貢献した。また、陳琳《ちんりん》ら袁氏の配下だった名士の起用を勧め、曹操のイメージ高揚に寄与した。

二〇七年春、曹操が遼西の烏丸《うがん》を討とうとしたとき、諸将がこぞって反対したなかで、郭嘉ひとり曹操の北伐に成功、烏丸の王単于《ぜんう》を斬り二十余万の兵士を捕虜としたが、郭嘉は帰還途中に病を得、三十八歳の短い生涯を終わった。

樊城で関羽を破った猛将
徐《じょ》晃《こう》
〈二三六～二九〇年〉

字は公明《こうめい》、河東郡楊県の人。魏の武将。河東郡の郡吏から李傕《りかく》の部将だった楊奉《ようほう》に仕え、一九五年、長安を脱出した献帝を守って洛陽遷都を果たした。同年、楊奉が曹操《そうそう》に破れたとき曹操の配下に転じる。

二一九年、江陵に駐屯していた関羽《かんう》が北上して曹仁《そうじん》が守る樊《はん》城を包囲したとき、宛《えん》城に駐屯して曹仁と呼応する態勢をとった。曹操から送られた新手の軍勢を加えて、団頭《だんとう》と四《し》冢《ちょう》の両地に進んで、関羽の本隊と対陣した。関羽は攻め寄せた徐晃を見て、自ら五千騎をひきい逆茂木の一角を開いて討って出た。徐晃はこれを撃破、逃げる関羽を追って陣内へ攻めこみ、壊滅的打撃をあたえた。関羽はやむなく樊城の包囲を解くにいたった。

このとき摩陂《まひ》に本営を進めて形勢を見ていた曹操は「樊城・襄陽の勝利は、すべて将軍の功績」と激賞した。

三国志英雄列伝

第三部　江東健児の雄志

呉

『二龍争戦決雌雄
赤壁楼船掃地空』（李白）
（曹操と孫権が雌雄を決した赤壁。
いま魏の楼船はすべてむなしい）
長江を下る魏の大軍をまえに、
国の存亡をかけて呉の覇王孫権は、
敢然と抗戦を決断する。
赤壁の戦いは天下を三分した争い
であった。

呉

野望半ばで倒れた孫子の末裔

孫《そん》堅《けん》

〈一五六〜一九二年〉

字は文台《ぶんだい》、呉《ご》郡富春《ふしゅん》県（浙江省富陽県）の人。春秋時代末期の兵法家・孫武《そんぶ》の末裔と称する。孫策《そんさく》・孫権《そんけん》の父で、呉建国ののち、武《ぶ》烈《れつ》皇帝と諡された。

十七歳で早くも父親を啞然とさせる武勇を発揮する。父子で船旅の途中、海賊の一味と出くわした孫堅は、とめる父親を振り切って単身これを追いかけ、賊の首級をひっさげてもどってきた。これによって孫堅の勇名はたちまち広まった。

郡尉（警察署長）を皮切りに、塩瀆《えんとく》県など三県の丞（副知事）を歴任して、行く先々で声望を博し、官吏からも民衆からも慕われた。

郷里の旧友や冒険心にあふれた若者が、つねに数百人も出入りしたが、孫堅はかれらを家族同様に待遇した。これが、かれの強力な軍団の基礎となった。

一八四年、黄巾《こうきん》の乱が起こると、孫堅は、中郎将の朱儁《しゅしゅん》に従って戦い、立ちはだかる敵をかたはしからなぎ倒していった。

その翌年には、西北の涼州で辺章《へんしょう》・韓遂《かんすい》の反乱が起こり、命を受けて董卓《とうたく》が討伐に向かったが、いっこうに戦果があがらない。

そこで朝廷では、新たに司空の張温《ちょうおん》に車騎将軍の資格を与えて、西征を命じた。張温は朝廷に願い出て孫堅を参謀に任じて同行させた。

甘露寺にある祭江亭から長江を臨めば、
孫堅の雄姿が浮かぶ。

長安についた張温は、董卓を呼び戻してその責任を追及したが、その応対には反抗の色がありありだった。同席していた孫堅は、張温に耳打ちした。

「董卓め、責任を感ずるどころか、ふんぞりかえって大口を叩いている。軍法の定めどおり斬罪に処すべきです」

「いや、董卓といえばその名がとどろきわたっている。いま殺してしまっては討伐の手だてがなくなる」

と張温に退けられたものの、「董卓を斬罪に処すべし」と孫堅が主張したことを知った都の人士で感服しないものはなかったという。

一八九年、霊帝が亡くなると、董卓がわがもの顔に朝政を牛耳り、国都の洛陽《らくよう》で暴虐のかぎりを尽くした。翌年、董卓を討つべく全国で義軍が組織され、長沙太守となっていた孫堅も兵を挙げた。

反董卓連合軍が結成されたものの、董卓軍の強さを恐れて盟主の袁紹《えんしょう》をはじめそして、諸将は及び腰、だれも先陣を切るものはいない。

結局、実際に董卓軍と戦いを交えたのは孫堅と曹操《そうそう》だけで、それも緒戦は敗北を喫する。これで連合軍は意気阻喪、たちまち雲散霧消してしまうのである。

さて、その孫堅の緒戦だが、江東の兵を率

いてはるばる北上し、梁東に進出したところで、いきなり董卓軍の猛反撃をくらった。

　孫堅は数十騎とともに囲みを切り開いて脱出をはかる。孫堅はふだん毛織の赤頭巾をかぶっていたので、このとき頭巾を脱いで側近の祖茂《そぼう》にかぶらせた。

　董卓の騎兵はわれがちに祖茂を追いかけ、その隙に孫堅は間道づたいに落ち延びることができたのである。

　惨めな負け戦である。が、孫堅は、ちりぢりになった兵をとりまとめて再度戦いを挑み、今度は董卓軍をさんざんに打ち破って敵将の華雄《かゆう》を討ち取った。

　孫堅の勇猛ぶりに手を焼いた董卓は、和議を持ちかけてきた。そのうえさらに、身内に刺史・郡太守に任じたい者があれば、その名簿を朝廷に取り次いで登用してやろうというのだ。

「董卓は悪逆無道、帝室を転覆させた張本人だ。いまこそきゃつら三族を皆殺しにして、天下の見せしめとしてくれねば、死んでも瞑目できぬわ。このおれが、きゃつと手を結べるか」

　と、にべもなくはねつける。恐怖を覚えた董卓は、洛陽に火を放って西の方長安に移ったのだ。

　洛陽に一番乗りした孫堅は、廃墟と化し数百里にわたって炊煙ひとつあがらぬ都を目にして暗然と涙を流したという。孫堅は、諸皇帝の陵墓を修復し、董卓があばいたあとを埋めもどした。

　この洛陽駐屯中、さまざまな憶測が飛ぶことになる、ある出来事があったという。

　それは、城内の井戸から漢の皇帝に代々伝えられてきた伝国の璽《じ》を見つけたというのだ。遷都のおりの混乱のなかで、国璽の管理官が井戸に投げ込んだもので、これを得た孫堅が、ひそかに長沙に持ち帰った、という噂が囁かれた。

　真偽のほどは結局のところ定かでないのだが、正史に注を付した裴松之《はいしょうし》は、諸説をくわしく検証したあと、

「孫堅は義兵を起こした諸将のなかで、もっとも忠烈といわれた人物である。もしかれが神器を手に入れながら隠匿したとすれば、忠臣の名が泣くであろう」

　と述べつつ、隠匿説には否定的な見解を示している。

　董卓を恐れさせたほどの剛勇の人・孫堅だったが、

「慎重さに欠け、性急であったため、身を滅ぼす結末を招いた」

　と正史の編者陳寿《ちんじゅ》が述べているように、その最期はなんともあっけないものだった。

　一九二年、孫堅が荊《けい》州に兵を進め、劉表《りゅうひょう》を攻撃したときのことである。

　敵将の黄祖《こうそ》を打ち負かした孫堅は、これを追撃して漢水を渡り、ただ一騎で峴山《けんざん》にのぼったところを黄祖の部下に矢を射かけられて殺された。

　時に三十七歳。これには異説があって、それによると——。

　劉表配下の部将呂公《りょこう》が、山道伝いに孫堅に近づいた。孫堅は軽装で馬に乗り、呂公を追って山中に分け入った。呂公の兵士が投げ落とした石が、孫堅の頭に命中し、孫堅は脳味噌を吹き出して即死した。

　没年は、一九三年だという。

孫堅が一番乗りした洛陽。そこには後漢の明帝が建立した中国最初の寺、白馬寺がある。

江東を制圧した〝小覇王〟

孫《そん》策《さく》

〈一七五～二〇〇年〉

呉

字は伯符《はくふ》、呉郡富春《ふしゅん》県（浙江省富陽県）の人。父親の孫堅《そんけん》は、黄巾《こうきん》討伐に出陣するにあたって妻子を寿春に匿った。

当時、長子の孫策はまだ十代だったが、すぐれた人物と広く交際を結び、早くも一帯の人望を一身に集める存在となっていたという。

かれの噂を聞いて舒《じょ》県から訪ねてきたのが周瑜《しゅうゆ》、字は公瑾《こうきん》、孫策と同年の生まれで、ふたりはたちまち意気投合して、「断金の契り」を結ぶ。

周瑜のすすめにしたがい、孫策は母をともなって舒県に移り住み、両家は家族ぐるみの付き合いとなった。

のち、孫策と周瑜は、〝二喬〟と称される美人姉妹を妻とするから、かれらは友人であり主従であり義理の兄弟でもあった。

父の孫堅は、黄巾討伐や董卓《とうたく》との戦いで勇名を馳せたものの、いまだ一定の地盤を持つにいたらず、実質的には袁術《えんじゅつ》配下の一部将にすぎなかった。

したがって、当年十八歳の孫策が亡父から引き継いだものといえば、程普《ていふ》、黄蓋《こうがい》、韓当《かんとう》ら、孫堅とくつわを並べて転戦した武将たちだけであった。

十八歳で孫堅から呉を引き
継ぐ孫策の野心は荊州城に。

父の遺体を母方の叔父呉景《ごけい》が太守として駐屯していた丹陽郡曲阿《きょくあ》に埋葬したのち、つてを頼って数百人の部下を集めた孫策は、袁術のもとを訪れ、その配下についた。袁術はこの若者がすっかり気に入り、口癖のようにこう言っていたという。

「わしに孫策のような息子さえいれば、いつ死んでも心残りはないのだが……」

が、その言葉とは裏腹に、袁術は孫策の実力には相当な警戒心を抱いていたらしい。父譲りの武勇を見込んで各地の征討にあたらせ、略定すればその地の太守にしてやると約束しておきながら、再三これを反故《ほご》にするのであった。このまま袁術のもとにいても、なんの展望も開けない。

そのころ、呉景が揚州刺史の劉繇《りゅうよう》のために曲阿を追い出され、北方の歴陽《れきよう》に退いた。この形勢を見ていた孫策は、呉景らの片腕となって江東平定に尽力したいと、袁術に申し出た。

袁術はこれを受け入れたが、実際に与えた兵力は、兵卒わずかに一千余、騎馬数十頭。このほかには、行動を共にしようと申し出た客分が数百人いたのみである。

だが歴陽に到着するころには、兵力も五、六千にふえていた。さらに、孫策の出陣を聞いて駆けつけてきた周瑜の軍勢も加わった。

孫策は、長江を渡河して各地を転戦し、群小勢力をことごとくなぎ倒していく。その鋭

呉の水軍をきたえた黄蓋湖。

鋒の前に立ちはだかる相手はなく、まさに「小覇王」と称されるにふさわしい勢いだった。

しかも軍規は行き届いており、兵士らは略奪ひとつ働かず、家畜や作物に指一本触れなかったので、行く先々で人民からもあつい信頼を得た。こうしてわずか数年にして孫策は江東を制圧した。

郡の太守をはじめ郡県の諸官は、孫策によってすべて新たに任命された。孫策自身は会《かい》稽《けい》郡の太守となり、呉景は丹陽郡の太守に復帰、従兄の孫賁《そんほん》を予章郡の太守に任じた。

二〇〇年、曹操《そうそう》と袁紹《えんしょう》とが激突する。いわゆる「官渡の戦い」である。孫策はこのとき、曹操の本拠である許都を襲撃し、漢帝を迎える密計を立てていた。

すでに出撃態勢もととのい、諸将も部署についていたが、決行直前に計画は挫折した。孫策が、もとの呉郡太守許貢《きょこう》の食客によって暗殺されたからである。

この事件のいきさつはこうだ。許貢が許都の献《けん》帝あてに、

「孫策は、いにしえの項羽のごとき猛将。このまま放置しておいては危険です」

と上書した。この上書が途中で孫策の手に落ちる。孫策は許貢のもとに押しかけていって詰問したが、あくまでしらを切りとおしたため、屈強の者に命じて許貢を絞め殺させた。

これを恨んだ許貢の子が、父の食客とともに長江のほとりに身を隠し、復讐の機会をうかがっていた。

孫策は単身で馬を駆っていたところを不意打ちされ、食客の一撃を受けたのであった。

孫策の傷は深かった。かれは張昭《ちょうしょう》ら側近を呼び寄せて、

「いま北方は騒乱のただなかにあるが、わが南方の精鋭と天然の要害をたのみとすれば、天下をうかがうこともできるだろう。くれぐれも弟をもり立ててやってくれ」

と遺言したうえで、弟の孫権《そんけん》を呼び、印綬をあたえて言った。

「江東の軍勢を率いて敵と対決し、チャンスをつかんで天下分け目の勝負を挑むとなれば、わしはそなたよりまさる。だが賢臣を用い、各人が心肝をくだいて江東を守っていくとなれば、そなたのほうが一枚上だ」

その夜のうちに孫策は死んだ。まだ二十六歳であった。

じつは、孫策の横死を予見していた人物がいた。曹操の若き参謀の郭嘉《かくか》である。

曹操が袁紹と官渡で対峙しているとき、孫策が長江を渡って許都を襲う構えを見せたため、みなが戦々恐々とするなか、郭嘉はこう言っていたというのである。

「孫策は江東を併呑したばかり。かれに殺された英雄豪傑の部下には、命を捨てても報復せんとする者も多い。にもかかわらず、孫策は、かれらを甘く見て、まったく無防備。百万の兵を従えていようと、まるでひとり荒野を行くに等しい。刺客に不意をつかれたら、ひとたまりもあるまい。孫策はかならず匹夫の手にかかって殺されよう」

正史は、郭嘉の洞察力には感服しながらも、神ならざる身で、人が何年に死ぬかまで予知できるはずはない。まさに許を襲わんとした年に孫策が死んだのは偶然の一致にすぎない、と述べている。

呉

三国鼎立の一角を占めた守成の人

孫《そん》権《けん》

〈一八二～二五二年〉

字は仲謀《ちゅうぼう》、呉郡富春《ふしゅん》県（浙江省富陽県）の人。呉の初代皇帝。在位は二二九～二五二年。孫堅《そんけん》の子、孫策《そんさく》の弟。

生まれたとき、頭が角張っていて口が大きく、目が生き生きと輝いており、孫堅は、高貴の相だと喜んだ。

父孫堅の死後、兄の孫策が江東を舞台に活躍しはじめると、孫権はつねに兄につき従っていた。性格は明るく、思いやりがあり、決断力に富んでいた。孫権が作戦会議に出す意見に、兄の孫策は目を見張り、つねづね、こいつはおれ以上だと思っていたという。

二〇〇年、孫策が不慮の死を遂げたため、十八歳でその後を継いだ。孫権は、旧臣の張《ちょう》昭《しょう》を最高顧問に迎え、周瑜《しゅうゆ》・程普《ていふ》・呂範《りょはん》らに軍事をゆだねるとともに、広く人材を招き、名士を求めた。魯粛《ろしゅく》や諸葛瑾《しょかつきん》らは、このとき幕下に加わったのである。

二〇八年、八十万と号する曹操《そうそう》軍の来襲に、孫権は急遽、群臣を召集して対策を協議した。諸将が口をそろえて、曹操への帰順をすすめるなかで、断固、抗戦を主張したのが魯粛と周瑜のふたりだった。

孫権は会議の席上、刀を抜いて眼前の机に斬りつけると、

「これ以上、降伏をとなえる者があれば、この机と同じ運命になるものと思え」

と徹底抗戦の決意を示した。

かくして、わずか数万の軍勢で、曹操の大軍を赤壁《せきへき》に迎え撃った。周瑜が率いる呉軍は、先鋒の宿将黄蓋《こうがい》の火攻めをもって開戦、壊滅的打撃を与えて曹操を撃退した。これによって三国鼎立《ていりつ》への道が開かれたのであった。

孫権の重要な拠点石頭城跡。

この勝利で、当然掌中にできると思った荊《けい》州だが、その大半を同盟していた劉備《りゅうび》に奪われ、以後ここは、両国間の紛争の地となる。

二一四年、劉備が蜀《しょく》の地を手に入れたあと、孫権は荊州の返還を求めて、力ずくでもと出兵に踏み切り、劉備もまた兵を出して一触即発の危機となった。

が、劉備側からの申し入れで講和の道が探られ、東部の三郡は孫権に、西部の三郡は劉備に荊州を分割することで、このときは決着を見た。

二一九年、荊州に拠る関羽《かんう》が魏《ぎ》に攻勢をかけ、総力で樊《はん》城を包囲、背後は空っぽとなった。そこを衝いて呉軍は関羽の根拠地をおとしいれ、ついに関羽と関平《かんぺい》の父子を捕らえて荊州の奪還に成功した。

荊州はこうして呉の支配下におかれたものの、孫権、劉備の同盟関係は破れ、それから二年後、劉備がみずから大軍を率いて呉領に侵攻してきた。

孫権は、総司令官に陸遜《りくそん》を起用して防衛の全権をゆだねた。その一方で、巧妙な外交戦略を用いる。それは、魏の文帝（曹丕《そうひ》）に臣

従を申し入れたのである。蜀軍に全力を傾注している背後を、魏に襲われることを恐れたからであった。

　魏は、明珠、象牙、犀角など珍奇な品々の朝貢を命じて、孫権の反応を探ってきた。

「このたびの魏の要求は非礼以外のなにものでもありません。即刻拒絶すべきです」

　いきり立った群臣がこう奏上したが、

「西北から劉備の大軍が迫っているいま、わが領民の命は、わしの決断ひとつにかかっている。魏の要求してきた品は、わしにとってはガラクタ同然、少しも惜しくはない」

　こう言って、孫権は、要求された品々をすべて調達して、魏に送った。

呉王の避暑宮にある「呉王試剣」故事の碑。

　この「夷陵《いりょう》の戦い」では、陸遜の徹底した持久作戦と孫権の外交戦略とが功を奏し、劉備軍を撃退するとともに、魏軍の侵攻をも未然に防ぐことに成功した。

　やがて二二九年、孫権は群臣の推戴を受けて呉の帝位につく。時に四十八歳。ここに、三国鼎立が名実ともに成立を見たのである。長子の孫登《そんとう》を太子とした。

　ここまで孫権は、見事なリーダーぶりを発揮してきた。が、晩年になって致命的な失敗をおかす。それは後継者問題であった。

　二四一年、太子の孫登が三十三歳の若さで父に先立って病死し、ここから紛糾のタネが生じた。

　孫権は新たに孫和《そんわ》を太子に据えたが、なにを考えたのか、その弟のまだ幼い孫覇を魯王に封じ、太子と同等の待遇を与えて溺愛したのである。たちまち太子派と魯王派の二つの派閥ができて、激しい争いが起こった。

　事態を憂慮した丞相の陸遜がたびたび上書して、嫡子相続の正当性を説いたが、孫権は聞き入れず、逆に、魯王派がでっち上げた陸遜の罪状二十箇条を信じて、厳しく問責した。このため陸遜は、憤りを発して死んだ。

　最晩年の孫権は、潘《はん》夫人を寵愛し、彼女に生ませた孫亮《そんりょう》に目をかける。その間にも、骨肉の争いはつづく。孫権もこれには頭を痛めた。

「このままでは、袁紹の二の舞になってしまう」

　と、側近にもらしたという。

　二五〇年、孫権は最後の気力をふりしぼって決断する。太子和は廃嫡、魯王覇は死を賜り、その一党もことごとく斬首。太子和の廃嫡に反対したものも、それぞれに厳罰を受けた。かわって孫亮が太子に立てられる。わずかに八歳。

　一年後、孫権は死の床につく。子どもたちの争いに心を痛め、体力、気力ともに衰えてしまったらしい。南の郊外に行幸して天を祭ったさい、風邪を引いたのが原因であったという。

　享年は七十一。大皇帝と諡された。

　正史は、孫権について、「才能ある者を任用し、恥を忍んで魏にへりくだるなど、非凡な人物であった」とその前半生に関しては高い評価を与えながらも、晩年になって讒言《ざんげん》を信じて人を殺し、跡継ぎを廃したり死を命じたりしたことで、「子孫の代に衰え国が滅亡した原因は、孫権にあった」と手厳しい指摘をしている。

呉

三国鼎立を実現させた時代感覚

魯《ろ》粛《しゅく》

〈一七二～二一七年〉

字は子敬《しけい》、臨淮《りんわい》郡東城（安徽省定遠県）の人。生家は大資産家だったが、時は乱世の真っ只中。魯粛は家産の維持など眼中になく、その巨万の資産を広く散財して郷党の心を引きつけた。周瑜《しゅうゆ》が数百人の部下を抱えて魯粛の家に立ち寄り、食糧の提供を求めた。魯家には米倉が二つあって、それぞれ三千石ずつ貯蔵されていたが、魯粛はその倉の一つをそっくり提供して周瑜を感激させ、以来、無二の知己として交際するようになった。

やがて周瑜の推挙で孫権《そんけん》と会見する。魯粛は初対面の孫権とたちまち意気投合し、酒を酌み交わしながら天下の情勢を論じ、今後の孫権の取るべき方針を滔々と弁じ立てた。このため、礼儀知らずの若造めと、旧臣の顰《ひん》蹙《しゅく》を買ったが、孫権はその新鮮な時代感覚に共感を覚え、以来、側近として重用した。

曹操《そうそう》の南征の報に接しては、劉備《りゅうび》と共同戦線を組むことをすばやく提唱して、みずからも使者に立って劉備と会談、孫権の意向を伝えるとともに、天下の情勢を論じて同盟の締結を申し入れた。

曹操の降伏勧告を前に、呉の群臣が口々に曹操への帰順をすすめるなかで、魯粛は周瑜とともに、断固決戦を主張して孫権を開戦に踏み切らせた。

二〇八年、孫権・劉備の連合軍が曹操の南征軍を大破した、いわゆる「赤壁の戦い」は、曹操の天下統一の野望を打ち砕くとともに、三国鼎立の端緒を開く節目となった出来事である。

断固決戦を主張した「赤壁の戦い」。

二一〇年、病に倒れた周瑜の遺言によってその後任となり、軍勢を引き継ぐ。劉備が益州を領有したあと、荊州の帰属をめぐって呉と蜀のあいだで一触即発の状況となった。

魯粛は話し合いによる解決の道を探り、関《かん》羽《う》との会見が行なわれた。互いに供の兵を百歩離すこと、携行する武器は薙刀一振りのみとする条件で開かれたこの会見が、小説や芝居で有名な「単刀赴会」の場面である。

魯粛は、返還に応じなかったときには関羽を殺そうと、呂蒙《りょもう》・甘寧《かんねい》を潜ませて会談に臨むが、関羽にまったく隙が見いだせず、この作戦は失敗に終わるというのがストーリー。

ただし、正史には、この席で魯粛は、呉の主張がいかに正当なものであるかを理路整然と説き、これに対して関羽は一言も反論できなかった、と記されている。

魯粛が死去してから五年後、孫権は帝位に就いたとき、こう述懐した。

「いつか魯粛が、わしに帝位をすすめたことがあったが、まことに先見の明があった」

いずれにせよ、孫権が江東に強力な独立王国を築くに当たり、劉備と同盟して魏の脅威に対抗する策を立てた魯粛の政治的役割は、大きく評価される。

呉

芳醇な酒の如き好漢

周《しゅう》瑜《ゆ》

〈一七五〜二一〇年〉

字は公瑾《こうきん》。盧江《ろこう》郡舒《じょ》（安徽省盧江県）の人。堂々とした体軀と眉目秀麗な姿貌で、呉の人人から「周郎」と呼ばれて親しまれた。「周の若様」という意味である。武勇に優れていただけでなく、若いころから音楽に造詣が深く、どんなに酔っていても、演奏者が間違えたり、曲の一部を飛ばしたりすると、かならずそれに気づいて、演奏者のほうを振り返った。そこで「曲に誤りあれば、周郎顧みる」と言いはやされたという。

孫策《そんさく》とは同年で、若いころ無二の親友となり、家族ぐるみのつきあいをした時期もある。江東進出をはかる孫策が、長江を東に渡ろうとしたとき、周瑜は手勢を率いて駆けつけ、孫策を喜ばせた。

孫策に従って皖《かん》の地を攻め落としたさい、天下に鳴り響く喬公の美人姉妹（いわゆる二喬。「橋」とも書く）を手に入れ、孫策は姉の大喬を、周瑜は妹の小喬をそれぞれ妻とした。なにかの折、孫策は周瑜に向かってこんな冗談を言ったという。

「喬公の二人の娘は故郷を失うことになったが、われわれを婿殿とすることができたのだから満足だろうよ」

二〇〇年、孫策が刺客に襲われて不慮の死を遂げ、十九歳の孫権《そんけん》が後を継ぐと、周瑜は張昭《ちょうしょう》、程普《ていふ》といった譜代の文官・武官の中心となり孫権を補佐、その勢力拡大に貢献し、江東での覇権を確立させた。

二〇八年、八十万と号する曹操《そうそう》軍の襲来に、色を失った群臣が口々に降伏を唱えるなかで、周瑜は魯粛《ろしゅく》とともに断固決戦すべしと主張し、曹操必敗の理由を説いて、孫権を開戦に踏み切らせた。呉軍の総司令官として曹操軍を迎え撃った周瑜は、部将黄蓋《こうがい》の献策を入れて火攻めをかけ、赤壁（湖北省蒲圻《ほき》市）において大勝利をおさめた。

曹操軍を撃退したのち、周瑜は南郡太守となる。益州の劉璋《りゅうしょう》が漢中の張魯《ちょうろ》の侵攻に苦戦しているのをみて、益州を攻め取り張魯を破り、馬超《ばちょう》と同盟して曹操を滅ぼす大計を立てた。孫権の同意を得て、遠征の準備に取りかかろうと江陵に戻る途中、巴丘で病に倒れた。まだ三十六歳の若さであった。

周瑜は、度量が大きくだれからも好かれる人物だったという。最古参の将軍程普は、はじめかれを嫌って何かにつけて侮辱した。だが周瑜はじっと我慢して、決してやり返そうとしなかった。のちに程普はそんな周瑜に心服するようになる。そして周りの人々に、こう言ってその人柄を称賛した。

「周瑜どのと付き合っていると、まるで芳醇な酒を飲んだときのように、いつの間にか酔ってしまう」

孫策とは無二の親友であった周瑜。「赤壁の戦い」で指揮をとった翼江亭。

呉

また呉下の阿蒙に非ず

呂《りょ》蒙《もう》

〈一七八〜二一九年〉

字は子明《しめい》、汝南郡富陂《ふは》（河南省周口市）の人。孫策《そんさく》麾下の部将だった義兄を頼って呉に移り、十五、六歳ですでに賊軍討伐に参加、義兄の死後、その部隊を引き継いだ。

若いころは戦闘一点張りで、江夏の黄祖《こうそ》討伐戦や「赤壁の戦い」後の魏将曹仁《そうじん》との戦いで、数々の戦功を立て、呉軍の重鎮となった。が、最前線でどんな活躍をしようとも、それだけでは全軍を統括する司令官クラスには登用できない。

あるとき呂蒙は、孫権《そんけん》に呼ばれて、学問の大切なことを諄々と説かれた。呂蒙はこれで俄然、やる気を起こしたらしい。倦まずたゆまず読書に励み、やがて知勇を兼ね備えた人物に変貌を遂げた。

あるとき、先輩将軍の魯粛《ろしゅく》が呂蒙を訪れ、議論をかわしてみて驚いた。終始、魯粛のほうが押されっぱなしなのである。魯粛は、呂蒙の背中を叩いて言った。

「君は実戦だけの人物と思い込んでおった。いつの間にか、えらい博識ぶりだ。いつまでも昔の〝呉の蒙ちゃん〟扱いはできんわい（また呉下の阿蒙に非ず）」

昔のままで進歩のない人間を「呉下の阿蒙」というのは、これにもとづく。魯粛の言葉に、呂蒙はこう応じた。

「士たるもの、三日会わなければ、よくよく目をこすって相手を見なければいけません

麦城に関羽を追いつめる呂蒙。

（士、別れて三日、刮目《かつもく》してあい待つべし）」

呂蒙が勉強の成果を実戦で示してみせてくれたのが、荊州奪回作戦であった。荊州に拠る関羽《かんう》が魏の樊《はん》城攻略の動きを示すと、呂蒙は病気療養をよそおって都建業《けんぎょう》にもどり、無名の若き陸遜を後任に起用した。自分の武勇に絶対の自信を持つ関羽は、無名の陸遜をあなどり、必ずや呉への警戒心を解くだろうとの読みである。

これが図に当たり、背後の備えが留守になったと見るや、快速船をつらねて荊州を目指し、たちまち関羽を孤立無援に追い込み、息子の関平《かんぺい》ともども捕らえて処刑し、その首を曹操《そうそう》のもとに送った。

荊州を掌中にして祝宴が開かれたが、呂蒙はその席で関羽の亡霊に取りつかれ、

「碧眼の小児、紫髯の鼠輩！」

と、孫権の胸ぐらを掴んで罵り、

「われこそは関羽なり！」

と叫ぶなり、身体中の穴から血を流して息絶えた、というのが、小説に描かれた呂蒙の最期の場面である。

正史によれば、呂蒙の死は荊州奪回作戦が終了して間もなくのことではあるが、死因は病死であり、孫権は千金を出して医者を募ったが、ついに回復しなかった、と記されている。

呉

孫権の絶大な信頼を得る

諸葛《しょかつ》 瑾《きん》

〈一七四～二四一年〉

字は子瑜《しゆ》、琅邪国陽都の人。諸葛亮《しょかつりょう》の兄。呉の孫権《そんけん》の幕僚。

若くして洛陽で儒学を学んだが、母親の死にあって帰郷、母の墓前に服喪してその孝心の篤さを讃えられた。

また継母にも実の母親同然に仕え、曹操《そうそう》の徐州侵攻（一九四）で一家離散したときには、継母をともなって江東へと難を避けた。諸葛亮ら弟たちは叔父諸葛玄《しょかつげん》に従って荊州へ移った。

二〇〇年に孫策《そんさく》が死んで孫権が後を継いだとき、孫権の姉婿だった弘咨《こうし》の推挙で孫権の幕僚となった。堂々とした恰幅で、心が広かったので人びとから慕われた。

弟の諸葛亮が蜀《しょく》の劉備《りゅうび》のもとにいたことから、いらぬ疑いをかけられたが、孫権の信頼厚く、大将軍に任じられ、重要な用件の相談にあずかった。

「赤壁の戦い」の前夜、諸葛亮が劉備の使者として孫権を訪ねてきたとき、諸葛瑾は孫権から、

「あなたは孔明どのとご兄弟であり、弟は兄に従うものだから、あなたは兄として彼を引き留めてもらえないだろうか。彼がもしあなたのもとに留まることになったら、わたしから玄徳《げんとく》どのに手紙を書いて了解をもとめるが」

と言われ、

「弟の亮は人に仕えて君臣の義を結んだもの。二心を抱くはずはございません」

と答えて、孫権を感嘆させた。

二一五年、孫権が陸口に出陣して、劉備とその領有権を争ったときには、曹操が漢中に軍をすすめたため、孫権の使者として公安で劉備と会見して、諸葛亮と荊州分割の協定をいちはやく結んだ。

しかし、このとき諸葛亮とは公的な場で会うことはあっても、私的にはいっさい会おうとはしなかった。

呂蒙《りょもう》の死後（二一九）、南郡太守となって公安に駐屯した。劉備の東征が開始されたときには、孫権に代わり書簡をもって劉備のもとへ、

「真の敵は呉と魏のいずれか」

と翻意を申し入れて聞かれなかったことがある。

このとき、

「子瑜は、書面を持参する使者を通じて、劉備と気脈を通じようとしている」

と孫権に讒言《ざんげん》した者があったが、孫権は言った。

「わたしは子瑜どのと死生不易の誓い（死を賭けた誓い）を結んでいる。子瑜がわたしを裏切ることがないのは、わたしが子瑜を裏切らないのと同じだ」

孫権の代になって、騎都尉に任ぜられた虞《ぐ》翻《はん》は、その率直な言行で孫権に嫌われて地方に放逐され、その地で学者として多くの門弟を集めた人物だが、彼が孫権の機嫌を損じたとき、諸葛瑾だけが言葉をつくして彼を弁護した。

後に虞翻は、

「諸葛どのは、仁慈の心篤く、天の道に則って事物を生かすお方だ。わたしは、彼のお取り成しをいただいたお陰で、死なずにすんだのだ」

と言ったという。

呉

劉備を撃退した無名の将軍

陸《りく》遜《そん》

〈一八三〜二四五年〉

字は伯言《はくげん》、呉郡呉県（江蘇省蘇州市）の人。江東の名族の出で、二十一歳のとき孫権《そんけん》の幕下に加わり、会稽山や鄱陽湖《はようこ》に巣くう賊を退治して名を挙げた。孫策《そんさく》の娘を妻とした。

二一九年、呂蒙《りょもう》に代わって荊州に駐屯し、無名のわが身を利用して、へりくだった挨拶状を関羽《かんう》に送り、油断を誘う。

安心した関羽が兵力を魏の樊《はん》城に集中させた背後を衝き、江陵を急襲して関羽を捕らえ、荊州を奪い返した。

二年後、関羽の仇を討つべく侵攻してきた劉備《りゅうび》軍に対して、防衛軍の総司令官に抜擢され、夷陵《いりょう》にこれを迎え撃った。はじめ、全軍に撃って出ることを禁じてひたすら守りを固めたため、怖じ気づいていると誤解した孫策以来の宿将たちが、口々に不満をもらした。が、持久戦を続けること半年、三峡に沿って設けられた劉備の軍営四十余りを、火攻めをもって打ち破った。

二二八年、孫権が鄱陽太守周魴《しゅうほう》を偽って魏に降伏させ、魏の大司馬・曹休《そうきゅう》を誘い出して石亭で大破したが、このとき陸遜はみずから中軍をひきいて夾石《きょうせき》まで進出した。斬殺した将兵・捕虜ともに一万余、鹵獲《ろかく》した牛車・馬車一万輛という大戦果を挙げて凱旋すると、孫権はかれに絹の傘をさしかけて宮殿に出入りさせるなど、最高の栄誉を与えた。

二三四年、五丈原に進出した諸葛亮《しょかつりょう》に呼応して呉軍は魏領に侵攻、曹叡《そうえい》（明帝）みずから率いる魏軍と戦うが、作戦に齟齬《そご》を来したため、やむなく撤退することになった。

このとき陸遜は、敵に覚《さと》られることなく、見事な撤退作戦を完了し、

「陸遜の用兵は孫子・呉子にも劣らぬ。これでは呉はまだまだ平定できぬ」

と、曹叡をうならせている。

その後も引きつづき荊州にあって魏、蜀の動きに備えるとともに、孫権に対してしばしば献策した。

孫権もまた、内政、外交政策で決定を迫られると、陸遜に下問してその意見を徴するのがつねだった。二四四年には、荊州駐在のまま丞相に任命された。

やがて、太子孫和《そんわ》と弟の魯王孫覇《そんは》による後継者の地位をめぐる争いが起こり、国内が二分される事態となった。

陸遜はたびたび上書して、孫権に嫡子相続の正当性を説いたが、聞き入れられず、逆に二十箇条にわたる魯王派によるでっち上げの罪状を信じた孫権から、問責の使者が派遣されるに及び、憤りを発して死んだ。

ときに六十三歳。のちに無実を知った孫権はいたく後悔したという。

「陸遜は、どこまでも忠誠心を尽くし、一命を賭してまで国を憂えた。まさに社稷《しゃしょく》の臣と呼ぶにふさわしい」

とは陳寿《ちんじゅ》の評価である。

夷陵の戦いでついに陸遜は劉備を破る。

呉

才気に溺れた貴公子

諸葛《しょかつ》 恪《かく》

〈二〇三～二五三年〉

字は元遜《げんそん》、諸葛瑾《しゆかつきん》の長子、つまり諸葛亮《しよかつりよう》の甥に当たる。幼いときから才気煥発で、孫《そん》権《けん》に愛された。子供のころのこんなエピソードが伝えられている。

孫権が群臣を集めて酒宴を催したときのこと、酒の座興にとて、一頭の驢馬が引き出された。その首には「諸葛子瑜《しゆ》」と書いた札がぶら下げてある。「子瑜」とは瑾の字《あざな》。かれは馬のような長い顔をしていたので、それをからかってのことであった。すると恪が、「あれに二字を書き加えることをお許し下さい」と願い出、「之驢」と書き足した。「諸葛子瑜の驢馬」というわけである。満場は爆笑の渦につつまれた。

父の諸葛瑾は、そんな息子の才気を嫌い、「この子の代でわが家もおしまいになる」と、眉をひそめていたという。

二五二年、孫権が没して、幼帝孫亮《そんりよう》が即位すると、諸葛恪は国政の全権を掌握し、まず負債の免除、物品税の撤廃など、内政面で人気取り政策を打ち出した。喜んだ民衆は、彼の姿を一目見ようと、外出するたびにどっと周りに群がったという。

さらにもう一つ、諸葛恪の人気を高める出来事が起こった。この年の冬、孫権の喪中につけこんで侵攻してきた魏の大軍を、諸葛恪は総司令官として迎え撃ち、さんざんに打ち破って凱旋したのである。

才気あふれる諸葛恪は魏を破り凱旋したが、
長江は諸葛恪に味方しなかった。（長江・宜昌にて）

これですっかり調子に乗った諸葛恪は、魏軍の戦力を侮り、翌年、重臣たちの反対を押し切って魏討伐の軍を起こした。が、この作戦は思うような戦果が上がらなかったばかりか、おりから蔓延した疫病のために病に倒れる者が続出した。それを知った魏軍は、陸続と救援部隊を送り込んでくる。

呉軍は撤退に移ったが、それは困難をきわめた。傷病兵がよろよろと道をふさぎ、溝に突っ伏したまま動かなくなる者、うめき声や助けを呼ぶ声がしきりにあがる。それでも諸葛恪は何事もないかのように平然としていたという。

この失敗で、彼の声望はわずか一年足らずで地に落ちたばかりか、きびしい非難の声に晒されることになった。

このまま諸葛恪に国政をまかせておいては、国の将来はどうなることか――こう憂えたのが、武衛将軍として近衛軍を掌握していた孫峻《そんしゆん》であった。彼は皇帝の孫亮とはかり、ある日、朝廷内に宴席を設けて諸葛恪を招いた。諸葛恪は不穏な雰囲気を察知して、いったんは参内を取り止めようとしたものの、巧妙に誘い込まれ、宮廷内で斬殺された。

かつての父諸葛瑾の心配は、現実のものとなったのである。

夭折した呉の太子

孫《そん》登《とう》

〈二〇九?～二四一年〉

字は子高《しこう》、孫権《そんけん》の長子。二二一年、孫権が帝位につくと、太子に立てられた。また、太子の学友として、諸葛恪《しょかつかく》・張休《ちょうきゅう》・顧譚《こたん》・陳《ちん》表《ひょう》らが孫権のお目矩《めがね》にかなって東宮に入り、詩書の侍講に当たったり、野外での騎馬・射撃などの相手をした。かれらは太子の「四友」と呼ばれ、そのほかの属官を含めて、東宮は多士済々と称された。

　孫登は、気さくな人柄で君臣の礼にこだわらず、お付きの者たちと同じ几帳《きちょう》のなかで寝たり、外出のさいには一つの乗り物にいっしょに乗って出掛けたりした。

　また孫登は、狩猟に出て、田畑の側を通るさいには、決して農作物を踏みつけたりしないよう、ときには遠回りし、休憩するときにはかならず人家から離れた場所を選んだ。農民に気を遣わせないための配慮であった。

　二三二年、息子の孫慮《そんりょ》が早世すると、孫権は悲しみのあまり、食事も喉を通らなくなった。孫慮は孫登の弟で、幼いころから聡明で、孫権はことのほか可愛がっていた。

　父親の様子を聞いた孫登は、昼夜兼行して孫権のもとに駆けつけると、泣きながら諫言した。

「弟の死は、まことに残念ですが、これも運命というものでしょう。天下の統一がなされておらぬいま、人々はみな陛下を頼りとしております。しかるに陛下は、感情に負けてお食事もとられず、礼の節度を越えた悲しみにひたっておられます。わたくしは心配でなりません」

建業（現南京）の東を守る堀・青渓。
いまもその名残をとどめている。

　この言葉に孫権は気を取り直し、以来、食事も進むようになった。

　二三四年、孫権は合肥《ごうひ》に遠征するにさいして、孫登に都の留守を命じ、いっさいの後事を任せた。

　当時は連年の凶作で盗賊がはびこっていたが、孫登はその悪事を防ぐための禁令を定めた。それは、よく勘どころを押さえたものだったという。

　太子に立てられてから二十一年目、三十三歳のとき、孫登は病死した。死に臨んで、孫権に遺書を残し、父親に先立つ不孝を詫びるとともに、孫和《そんわ》を太子に立ててくれるよう遺言した。孫登が息を引き取った後、この遺書に目を通した孫権は、ますます悲しみが募り、孫登の名を口にしては涙を流した。宣太子と諡された。

　予章太守の謝景《しゃけい》は、孫登の死を聞くと職務を放り出して、その葬儀に駆けつけた。葬儀終了後、謝景は無断で任地を離れた罪の処分を請うた。

「そなたは太子の直属の部下、ほかの役人とは別だ」

　と、孫権は罪を問わず、かれをもとの職務に戻した。

呉

皇帝を廃立した権臣

孫《そん》綝《ちん》

〈二三一～二五八年〉

字は子通《しとう》。諸葛恪《しょかつかく》を殺して丞相・大将軍となった孫峻《そんしゅん》（孫堅《そんけん》の弟孫静《そんせい》の曾孫）の従弟に当たる。孫峻の死後、軍の大権を掌握し、朝政を取り仕切ったが、地位をかさに着て傲慢無礼な振る舞いが多かった。

時の皇帝孫亮《そんりょう》は、十五歳になったのを機に親政を開始する。それまで五年は、大将軍の奏請にただ「可」と書かされることに不満だった少年帝は、以後、孫綝の奏上を拒否したり詰問したりすることが多くなった。

不安を覚えた孫綝は、弟の威遠将軍孫拠《そんきょ》を宮中の宿衛に、同じく弟の武衛将軍孫恩《そんおん》、偏将軍孫幹《そんかん》、長水校尉孫闓《そんかい》らを要所要所の軍営に配置して、独裁体制を固めようとした。

一方、皇帝孫亮は内心で孫綝を憎み、公主魯班《ろはん》、太常全尚《ぜんしょう》、将軍劉承《りゅうしょう》らとともに孫綝の誅殺をもくろんだ。だがこの企ては、孫亮の妃から孫綝へと通報された。彼女が孫綝の従姉だったためである。孫綝は、深夜、みずから兵を率いて全尚を召し捕りに向かう一方、弟の孫恩に命じて劉承を蒼龍門外で殺させると、そのまま王宮を包囲した。そして百官を招集して詰問した。

「若君には放埒かつ暗愚で、とても皇帝の大任はまっとうできそうもないため、すでに先帝の霊位に謹んで廃位の件をお知らせ申し上げた。異議のある者はただちに申し出よ」

一同は震え上がって答えた。

孫綝は荊州城にいて皇帝の実権を奪う。

「何事もご命令のままに従います」

孫綝は、孫亮から玉璽を取り上げると、その罪状を各地方に布告した。

かくして新たに皇帝に立てられたのは、琅《ろう》邪《や》王の孫休《そんきゅう》だった。孫亮の兄に当たる。

孫休を帝位につけると、孫綝は丞相に昇り、弟たち四人も侯に封ぜられて、一族五人で禁衛軍を掌握した。臣下として、これほどの権力を握るのは、呉建国以来のことであった。

あるとき、孫綝は帝が献上品を受け取らなかったことで、左将軍張布《ちょうふ》に不満を漏らした。孫休は、張布からこのことを聞いて心穏やかでなかったが、孫綝が変事を起こすことを危惧し、たびたび恩賞を与えて機嫌を取った。

その一方、秘密裡に張布に対策を問い、張布は同僚の左将軍丁奉《ていほう》とともに、宮殿で開かれる宴席を利用して、孫綝を誅殺する計画を練った。

二五八年、参内した孫綝は、不穏な空気を感じて退出しようとしたが、丁奉と張布が側近に合図を送って捕縛させてしまった。

「流罪にするなり奴隷にするなり、いかようにでも。どうか命ばかりはお助けを」

と孫綝は哀願したが、孫休は、冷たく撥ねつけ、ただちに刑が執行された。孫綝の首はその配下の目の前にさらされ、一門は皆殺しとなった。

親政復権を謀り帝位を剥奪

孫《そん》亮《りょう》

〈二四三～二六〇年〉

呉

字は子明《しめい》、孫権《そんけん》の末子。呉の第二代皇帝。在位は二五二年～二五八年。孫権の晩年の子であったことから、父親に溺愛された。二五二年、孫権が没した後を継いで帝位に上った。ときに十歳の少年である。

孫権の遺嘱によって孫亮の補佐役を命じられ、国政の全権を握った諸葛恪《しょかつかく》が、魏討伐作戦に失敗して人心を失ったため、孫亮は武衛将軍・孫峻《そんしゅん》の意見に従って、諸葛恪を誅殺した。

が、その功によって丞相となった孫峻が権力をほしいままにする事態となり、三年後、孫峻が死ぬと、こんどはその従弟の孫綝《そんちん》が大将軍となり、専権を振るった。

孫亮は、なかなか聡明な人物で、こんなエピソードが正史に書き記されている。

あるとき宦官《かんがん》に命じて倉庫から蜂蜜を持って来させたところ、なかに鼠の糞が入っていた。倉庫の役人を呼んで調べたが保管上の落ち度はなく、ただ、数日前に宦官から蜂蜜を要求されたが断ったという。

その腹いせにやったに違いない、と宦官を問い詰めたが、相手はしらを切るばかり。

そこで孫亮は、鼠の糞を割ってみさせたところ、糞の内部は乾いていた。孫亮は笑いながら左右の者にいった。

「糞が長く蜂蜜のなかに漬かっていたなら、芯まで湿っているはずだ。ところがこれは、なかのほうは乾いている。入れたばかりのものに間違いない」

建業（南京）は帝位を守れない都であった。

宦官は観念して、自分の仕業であることを認め、左右の者は、孫亮の智慧に驚いた。

即位以来、孫亮はみずからの意志で命令を出すことができず、ただただ権臣の諮問に許可を与えるだけであったが、十五歳になると、みずから正殿に出御して、親しく政治を執った。

それからというもの、孫綝の上奏に対して、いちいち反論を加え、ときには反対を唱えて、孫綝の意のままにはならなくなった。

二五八年、孫綝の専横が目に余るということで、孫亮は、太常の全尚《ぜんしょう》や将軍の劉丞とともに、ひそかに孫綝誅殺のはかりごとをめぐらした。

が、この企てはたちまち孫綝の知るところとなった。孫綝は兵を差し向けると全尚を捕らえ、弟の孫恩を遣って劉丞を蒼龍門外で殺すと、百官を宮門の前に招集して、孫亮を退位させると宣言した。

孫亮は会稽王に身分を落とされたが、二六〇年、孫亮が都に戻って天子になる、とのデマが流れ、また、孫亮が巫女に祈禱を行なわせ、呪いの言葉を発していると告発する者がいた。このため孫亮はさらに候官侯に落とされ、任地に向かう途中、自殺した。

一説に、かれに代わって皇帝となった兄の孫休《そんきゅう》によって毒殺されたともいわれる。

呉

臣下に遠慮した学者皇帝

孫《そん》休《きゅう》

〈二三五～二六四年〉

字は子烈《しれつ》、孫権《そんけん》の第六子。呉の第三代皇帝で、二代皇帝孫亮《そんりょう》の兄に当たる。在位は二五八～二六四年。学問を好み、十三歳のときから師について学んだ。

二五二年正月、琅邪《ろうや》王に封ぜられたが、その年の四月、孫権が没して末弟の孫亮が十歳で帝位を継ぎ、諸葛恪《しょかつかく》が国政を取り仕切ると、孫氏一族を長江沿いの要地から遠ざけようと、孫休も丹陽郡に移された。が、のち転出を希望して、会稽郡に移される。

二五八年、孫亮が廃位されると、朝政を独裁する孫綝《そんちん》のもとから使者がやってきた。孫休を帝位に迎えようというのである。このとき孫休は使者の来意を聞いても、裏がありはせぬかと疑った。使者らが孫綝の気持ちに偽りのないことをこもごも説明したので、一日二晩ためらったすえ、ようやく腰をあげて、都に上ったのであった。

即位後しばらくして、孫綝が反逆をたくらんでいるとの密告を受けて、ひそかに将軍の張布《ちょうふ》と対策を練った。二五八年十二月、百官が宮中の宴に集まる機会を利用して孫綝を捕らえ、即日、死刑に処した。

孫休は、左将軍の張布と丞相の濮陽興《ぼくようこう》に大きな恩義を受けたため、この両名に国事を委ね、張布には政務を、濮陽興には軍事を担当させた。その一方で、自身はもっぱら読書に意を注ぎ、学問百般を渉猟しようと志していた。また学問以外では、雉狩りを愛好し、春夏の季節には朝から晩まで狩猟に熱中し、この時期ばかりは学問を顧みなかったという。

孫休は綿竹城からの救援要請を受けるが……。

孫休は、博士祭酒（国立大学長）の韋曜《いよう》、および博士の盛沖《せいちゅう》を師に迎えて研鑽を積もうと考えた。韋曜も盛沖も、正義派として知られた人物である。もしこの二人が帝の侍講となれば、自分の地位が危うくなる――こう考えた張布は、さまざまな口実を設けて、これを阻止しようとした。

張布は、孫休が琅邪王だった当時、その左右将督（軍事顧問）をつとめ、深く信頼されていた。孫休が帝位につくに及んでさらに寵遇を加えられ、思うままに国政を動かし、帝を無視する振る舞いが多くなった。張布は、韋曜や盛沖がこのことを指摘しはせぬかと恐れて、かれらを極端に忌み嫌ったのである。

孫休は、この間の事情は先刻お見通しだったが、張布の猜疑心を募らせては、と気掛かりのあまり、結局はその意向に従って、盛沖らを召し入れることをしなかった。

二六四年、孫休は、幼少だった太子の孫𩅦《そんわん》の身を丞相の濮陽興に託して世を去った。時に三十歳、諡は景帝という。

孫休の遺嘱は無視され、帝位につけられたのは廃太子孫和の子孫皓《そんこう》であった。

呉

敵将と信頼しあった名将

陸《りく》抗《こう》

〈二二六～二七四年〉

字は幼節《ようせつ》、呉の丞相陸遜《りくそん》の子で、孫策《そんさく》の外孫に当たる。父が死去したとき、陸抗は二十歳だったが、父の配下の兵五千人を預かることになった。あるとき孫権《そんけん》は、陸抗に言った。

「かつて、わしは讒言《ざんげん》を信じて、そなたの父上に対して大義に背くようなことをした。まことに申しわけなく思っている。その節、送った詰問の書状は焼き捨てて人の目には触れないようにしてほしい」

二六四年、孫晧《そんこう》が即位すると、陸抗は、鎮軍大将軍となり西方防衛の総指揮に当たることになった。これに対峙したのが、晋《しん》の車騎将軍の羊祜《ようこ》である。羊祜は、武力に頼らず、もっぱら徳と信義をもって呉の人心を収攬《しゅうらん》しようと考えていた。陸抗もこれに対応すべく、部下の将兵たちに、こう言い渡していた。

「相手が徳をもって感化しようとしているとき、当方が逆のことを行なったのでは、戦う前から負けたようなもの。各人が持ち場を守り、目先の利を追ってはならぬ」

国境を挟んだ両軍が、たがいに徳と信義をもって対抗したため、たとい相手の農地に穀物が置かれたままになっていても、それを奪うこともしなかったし、牛や馬が逃げ出して国境を越えても、それを捕まえるため、許可を得て相手の領内に入ることすらあった。

陸抗は襄陽を狙う。

陸抗が病気になったときのこと、羊祜に手紙を書いて、なにかいい薬はないか尋ねた。羊祜はみずから薬を調合して使者にもたせてやり、陸抗は、ためらいもせず届いた薬を飲んだ。部下が危ぶんで止めようとしたが、陸抗はまったく疑いもしなかった。

こうして晋・呉の国境地帯で、両軍が友好関係を保っていると聞いて、孫晧は、陸抗を詰問した。陸抗はこう抗弁した。

「どんな小さな町や村でも、信義を重んじる人間は必要です。まして国において、信義を重んじる人間がいなくていいわけがありません。もし、わたくしが現在のような対応をしなかったら、いたずらに相手の評判を高めてやるだけではありませんか」

二七三年、陸抗は、任地にあったまま、大司馬・荊州の牧に任じられた。その翌年、病が重くなったとき、上疏していった。

「敵は長江の上流を押さえており、もし軍船を連ね、流れに乗って押し寄せて来たならば、国家存亡の危機となりましょう。どうか、西方における防備を怠りなきよう願い上げます」

二七四年秋、陸抗は死去した。それから六年後、晋は呉討伐の軍を起こし、長江の流れに乗って進撃を開始すると、呉軍はたちまち瓦解し、陸抗が憂慮していたことが現実となってしまうのである。

呉

呉を滅亡させた暴君

孫《そん》皓《こう》

〈二四二～二八四年〉

呉の最後の皇帝。在位二六四～二八〇年。字は元宗《げんそう》。第三代景帝（孫休《そんきゅう》）は、死に臨んで幼い太子の身を、丞相の濮陽興《ぼくようこう》に託した。

だが、内外多端のとき、幼帝を擁立することに不安を感じた濮陽興は、左将軍の張布《ちょうふ》らと相談のすえに、烏程侯の孫皓を迎えて帝位につけたのだ。もとの太子孫和《そんわ》の子で、孫権《そんけん》の孫に当たる。景帝の遺嘱は無視されたのである。

ところが孫皓は、即位したとたん暴君ぶりを発揮し、群臣の期待はまったく裏切られる。濮陽興と張布が後悔したときはすでに遅く、二人とも孫皓の手にかかって誅殺されてしまった。

その暴虐ぶりを、『呉書』「三嗣主伝」はこう記している。

「孫皓は、臣下を集めてしばしば宴会を開いたが、全員が泥酔するまで決してやめなかった。そのさい、素面の宦官を見張りに立てて臣下の言動をチェックさせ、過失のあった臣下は、大小となく処罰した。また後宮には数千人の女が満ちあふれていたが、それでも飽き足らず、つぎつぎと徴発しては後宮に入れた。宮殿のなかに川を引き入れて急流をつくり、自分の意に添わぬ女官をかたっぱしから殺しては投げ込んだ。ときには、皮を剝いだり、目を抉りとったりした」

行状がこうであるから、政治もむろんでたらめ。阿諛追従の徒である宦官岑昏《しんこん》を寵愛して大臣に登用し、過酷な賦役を課して、人民を塗炭の苦しみに陥れた。

孫皓は武昌にある黄鶴楼へ。

こうした数々の悪行を重ねてきた結果、臣下の我慢も限度を超えてしまい、人々の心は孫皓から離れて、かれのために身命をささげようとする者はいなくなった。

二八〇年、晋《しん》の討伐軍が攻め寄せてきたとき、呉軍の将兵に戦意なく、一戦も交えずに降伏したり、あるいは一夜のうちに逃げ去るというありさま。

かつては、百万と称する曹操《そうそう》軍を向こうに回して、「赤壁の戦い」で勝利をおさめた呉の水軍だが、今やその面影はまったくなかった。

討伐将軍王濬《おうしゅん》に建業を襲われ、万策つきて降伏を申し入れ、ここに呉は滅亡した。孫権が帝位について以来、四代五十一年であった。

降伏した孫皓は、身柄を洛陽に移されて帰命侯に封ぜられたが、三年後、そのまま洛陽で死去した。四十二歳であった。

正史の編者陳寿《ちんじゅ》は、「孫皓伝」の末尾に、一言、感想を書き記している。

「孫皓は悪逆無道の暴君であり、斬首の刑に処して民に謝罪するのが当然であった。しかるに、その罪を許して侯にまで封じたのは、帝の恩寵というよりも度をすぎた寛大さ、というべきだろう」

呉

「赤壁」勝利の立役者

黄《こう》蓋《がい》

〈生没年不詳〉

字は公覆《こうふく》、零陵郡泉陵県（湖南省零陵県）の人。幼くして父を失ったため貧乏の辛酸を嘗めたが、貧窮のなかにあっても志を失わず、ぐれて不良仲間に加わるようなこともなく、暇をみては兵法の勉強に余念がなかった。

孫堅《そんけん》の挙兵とともに、その配下となり、孫《そん》策《さく》、孫権《そんけん》と引きつづき仕え、甲冑をつけ白刃のなかに躍り込んで攻城野戦に奮闘した根っからの武将である。

二〇八年、「赤壁の戦い」において、曹操《そうそう》の船団が密集して動きがとれないのを見て取り、総司令官の周瑜《しゅうゆ》に火攻めの計を献策する。『三国志演義』では、衆目の前で周瑜《しゅうゆ》と激論し、血まみれになるまで打ち据えられる「苦肉の計」を演じたことになっている。いうまでもなく、疑り深い曹操《そうそう》に投降を信じさせるための策略であった。

一方、曹操には、投降するとの書状を送りつけて油断させ、枯れ草や柴を積んだ船をひきいて出撃、みごとに焼き討ちを成功させて劣勢の呉軍を勝利に導いた。この戦いにおける呉軍最大の功労者である。

乱戦のなかで、黄蓋は流れ矢に当たり、寒中の水に転落した。幸い味方の兵に救われたが、兵は彼が黄蓋とは知らず、厠に捨てておいた。黄蓋は声を振り絞って、韓当《かんとう》の名を呼んだ。孫堅の挙兵以来ともに戦ってきた韓当が、その声を聞いて、「あれは黄蓋だぞ」と駆けつけ、涙ながらに濡れた衣服を取り替えてやった。かくして黄蓋は九死に一生を得たのであった。

江陵を守って威名を轟かす

朱《しゅ》然《ぜん》

〈一八二〜二四九年〉

字は義封《ぎほう》、丹陽郡故鄣《こしょう》の人。呉の武将。呉の宿将朱治《しゅち》の外甥で、十三歳のとき朱家の養子となった。

孫権《そんけん》の学友となり、そのときから固い君臣関係を結んだ。十九歳で余姚《よよう》県長に任ぜられ、山陰県令、臨川郡太守を歴任、二一二年冬から二一三年にかけ曹操《そうそう》四十万の大軍と濡須《じゅしゅ》で対陣したときには、最前線の濡須大塢《だいお》と東興関守備の任務を全うして偏将軍に進んだ。二一九年、江陵奇襲作戦に従軍、潘璋《はんしょう》とともに別働隊をひきいて臨沮《りんしょ》の山中に迂回、関羽《かんう》の捕捉に大功を立てて昭武将軍に昇った。この年暮れ、呂蒙《りょもう》の遺嘱により江陵の守りにつき、二二二年の夷陵の戦いでは別働隊をひきいて劉備《りゅうび》の退路を遮断、窮地に追いつめた。

江陵城は長江に臨み、中州の砦を守る孫盛《そんせい》と呼応して守りを固めていたが、二二三年、魏の曹真《そうしん》、夏侯尚《かこうしょう》、張部《ちょうこう》らの大軍に襲われたとき、張部に中州の砦を奪われ、完全に孤立した。孫権が急派した潘璋らの援軍も撃退された。城内の兵士は栄養失調で相次いで倒れ、わずか五千を残すのみとなった。

包囲軍の執拗な攻撃に将兵が色を失うなかでも、彼はひとり泰然自若、将兵を励まして抵抗をつづけること六ヵ月、魏軍との内応を謀った江陵県令姚泰《ようたい》を斬首して不屈の闘志を示した。朱然の威名は魏国に轟き、魏軍は攻略を諦めて撤退した。

小柄な人で、おおらかな人柄だったが、身を慎むこと固く、平時においても常在戦場の心がけを忘れなかったという。

呉

義侠に生きた快男児
太《たい》史《し》慈《じ》
〈一六六～二〇六年〉

字は子義《しぎ》、東莱《とうらい》郡黄県（山東省）の人。東莱郡の奏曹（文書係）として太守の上訴状を都へ持参し、太守と対立していた州刺史の使者を出し抜いて使命を果たす。

しかし刺史の報復を恐れ、母親を故郷に残したまま遼東へ難を避けた。これを知った北海の相孔融《こうゆう》は、母親のもとへしばしば人をやって見舞わせた。

一九四年、孔融は都昌城（山東省昌楽）で黄巾軍に囲まれた。たまたまこのとき帰郷した太史慈は、孔融の手厚い配慮を聞き、その恩義に応えるため単身都昌へ赴いた。夜陰にまぎれて入城、平原の相劉備《りゅうび》に救援を求めるため、ふたたび敵中を突破して平原へ向かい、劉備から三千騎を借り受けて引き返した。孔融と内外呼応して黄巾軍を撃破したあと、孔融から「君はわしの若い友人だ」と感謝されたという。

その後、同郷の揚州刺史劉繇《りゅうよう》の配下に入り、孫策《そんさく》と対陣中、供の一騎を連れただけで偵察に出、十三騎をひきいて同じく偵察に出た孫策と遭遇、一騎打ちを演じて孫策の兜を奪ったこともあった。劉繇が孫策に敗れて予章へ奔ったとき、劉繇と別れて南部山中で軍勢を集めたが、孫策に捕えられた。孫策は彼を信義の人として厚遇し、彼も病死した劉繇配下の軍勢一万余を説得して孫策軍に帰順させ、その知己の恩に応えた。

彼は身の丈七尺七寸（百八十二センチ）、腕が長く弓をとれば百発百中の名手で、天下平定の大志を抱きながら四十一歳の若さで死んだ。

決死の斬り込みで偉功
甘《かん》寧《ねい》
〈生没年不詳〉

字は興覇《こうは》、巴《は》郡臨江の人。呉の武将。巴郡で遊侠生活二十余年のすえ、学問に転じ、青史に名を残そうと配下八百余人をひきいて一九四年頃、荊州の劉表《りゅうひょう》の配下に入った。

しかし中原進出の野心に欠けた劉表に絶望、江東の孫策《そんさく》の配下に移ろうとしたが、夏口（湖南省武漢市）で同地の太守黄祖《こうそ》に足止めされた。この間、孫策の襲撃を受けたときにはその部将淩操《りょうそう》を射殺する大功を立てたが、黄祖に無視された。

夏口滞在三年、友人の援助でようやく江東へ脱出、孫策から周瑜《しゅうゆ》・呂蒙《りょもう》ら旧臣同様の優遇を受けた。

熟知した益州・荊州の情報を提供、江東を根拠に荊・益両州を奪って天下を二分して曹《そう》操《そう》と対抗することを献策した。

弓を得意とし、数々の合戦で常に将兵の先頭に立って奮戦、二一二年、濡須《じゅしゅ》で曹操四十万の大軍と対陣したときには、前部督（先鋒部隊長）となり、百余人の決死隊をひきいて夜襲をかけ、敵数十の首級を挙げて一兵も損じることなく帰還、

「孟徳《もうとく》に張遼《ちょうりょう》あれば、われに興覇あり」

と孫権《そんけん》に言わせた。

また、二一五年、合肥《ごうひ》に出陣して逍遥津《しょうようしん》で張遼の急襲にあったときは、逃げ腰の軍楽隊に活を入れて兵士たちを励まし、呂蒙、蒋《しょう》欽《きん》、淩統らとともに最後まで踏みとどまって孫権を守りとおした。

粗暴なところがあったが、剛腹で智謀に長け、財を惜しまず有能の士を遇し、兵士を育てるのがうまく、兵士たちもまた進んで彼の命令を待った。

呉

孫権を守って満身創痍

周《しゅう》泰《たい》

〈生没年不詳〉

字は幼平《ようへい》。九江郡下蔡《かさい》の人。呉の武将。はじめ孫策《そんさく》に仕え、孫権《そんけん》に望まれてその配下となった。孫権に従い数百の軍勢とともに宣城（安徽省）に駐屯したとき、数千の山越《さんえつ》（少数民族）に包囲された。周泰は身に十二ヵ所もの傷を受けながら孫権を守り通し、辛うじて敵の重囲を脱したときには昏倒して一時、人事不省に陥ったほどだった。

二一二年、濡須《じゅしゅ》で曹操《そうそう》の大軍を撃退したあと、濡須の守将に任ぜられたが、配下に入った朱然《しゅぜん》、徐盛《じょせい》ら大将たちは、彼が寒門《かんもん》（無名の家柄）の出であるのを嫌って指示に従おうとしなかった。その時、孫権は濡須の砦に出向いて盛大な酒宴を設け、席上、周泰の上着を脱がせ、傷跡を指し示しながら彼の往年の戦功を讃えて涙にくれ、「寒門の出身だからといって遠慮することはない」と自らの頭巾と傘を下賜、改めて権威をあたえた。

◎三国志関係略系図２

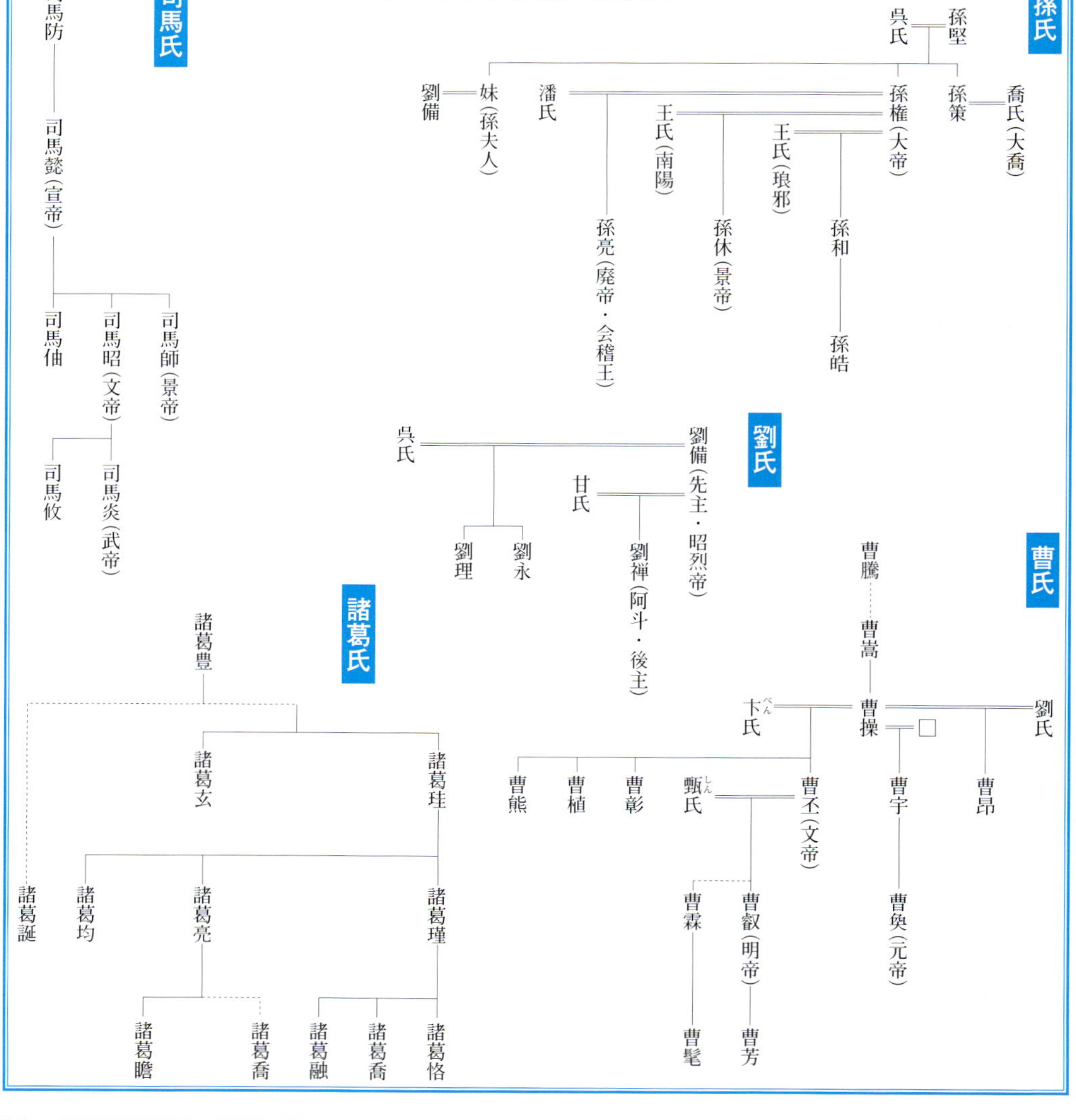

三国志英雄列伝

第四部　漢朝再興の智謀

蜀

『われら姓を異にするとも
兄弟の契りを結び
上は国家に報じ
下は民草を安んぜん』（演義）
桃園の義で結ばれた義兄弟と、
三顧の礼をもってむかえた
臥龍・鳳雛とともに、
漢朝再興を誓う劉備は蜀に入る。

蜀

『三国志』一の〝徳の人〟

劉《りゅう》備《び》

〈一六一～二二三年〉

字は玄徳《げんとく》。涿《たく》郡涿県（河北省涿県）の人。蜀漢の初代皇帝（先主）。在位は二二一～二二三年。前漢の景帝の子中山靖王劉勝《りゅうしょう》の子孫と称した。身長は七尺五寸（約百七十三センチ）、手は膝にまで届くほど長く、耳は自分で見えるほど大きかった。

徳をもって漢朝再興を図った劉備。（成都・武侯祠）

幼くして父に死なれ、母と草鞋《わらじ》売りや蓆《むしろ》織りをして暮らしを立てた。十五歳のとき、親戚の援助を受けて遊学に出、儒学者として名高かった盧植《ろしょく》のもとで公孫瓚《こうそんさん》らとともに学んだ。が、学業よりも狩りや音楽に熱中し、男同士の付き合いを重んじたので、年下の連中からも慕われた。

やがて豪商に見込まれて多額の献金を受け、これを元手に周辺の若者を率いて黄巾《こうきん》軍討伐に参加した。

その功によって県の警察署長に任命されたものの、こんどは黄巾軍に敗れ、公孫瓚のもとに身を寄せた。このころすでに関羽《かんう》と張飛《ちょうひ》は、幕下に加わっていた。

ちなみに小説では、劉備が関羽、張飛と義兄弟の契りを結ぶ「桃園結義」の場面が有名だが、史実ではない。ただ、史書には、「劉備はかれら二人を兄弟同然に扱い、寝るときは同じベッドを使用するほどだった」という記述があるから、これが、先の場面のヒントとなったことは確かだろう。

一九二年、界橋の戦いで公孫瓚が袁紹《えんしょう》に大敗を喫すると、徐州におもむき陶謙《とうけん》を助けて曹操《そうそう》と戦い、やがて病いに倒れた陶謙から徐州の牧（長官）の座を譲り受けた。

ところが、その座を呂布《りょふ》に奪われ、やむなく曹操のもとに身を寄せ、献《けん》帝を迎え入れた曹操とともに呂布を滅ぼすと、左将軍に任命された。

曹操から下にも置かぬ待遇を受けたが、献帝のめぐらした曹操誅殺の陰謀に加担し、実行に移せぬうちに、袁術《えんじゅつ》の北上を阻止するために徐州に派遣された。

ここで曹操に反旗をひるがえすが、たちまち打ち破られ、妻子と関羽を生け捕りにされて、袁紹のもとに逃げ込んだ。

そして袁紹の別働隊として許都の南方の汝《じょ》南《なん》に回り込み、官渡に出陣した曹操の背後を脅かしたが、二〇〇年、曹操に追われて荊《けい》州の劉表《りゅうひょう》を頼っていった。

以後七年間、「髀肉《ひにく》の嘆」をかこちつつも、荊州で平穏な日々を送った。その間、諸葛《しょかつ》亮《りょう》を「三顧の礼」をもって迎えたのをはじめ、多くの優秀な人材を集めた。

二〇八年、北方の烏丸《うがん》征討から帰還した曹操が南征を開始した。急死した劉表の後を継いだ劉琮《りゅうそう》が、戦わずして荊州を明け渡したため、劉備はまたも敗走を余儀なくされた。

夏口まで落ち延びると、諸葛亮を孫権《そんけん》のもとに派遣し、同盟を結んで「赤壁の戦い」で曹操を撃退、その天下統一の野望を砕いた。

翌年、荊州の牧となり、荊州の長江以南の四郡を手に入れ、ここにはじめて根拠地を得ることができた。

二一一年、蜀の領主劉璋《りゅうしょう》の招きに応じて蜀に入る。じつは、暗愚な劉璋に代えて劉備を蜀の主に、と劉璋配下の法正《ほうせい》と張松《ちょうしょう》が仕組んだものだった。

これをチャンスと見た劉備は、参謀の龐統《ほうとう》の献策に従って、入蜀後、徐々に乗っ取り計画を推し進め、龐統を流れ矢で失うという犠牲を払いながらも二一四年、ついに成都を開城させて益《えき》州の牧となった。

翌年、荊州の領有をめぐって孫権と対立、両軍が兵を繰り出して一触即発の危機となったが、その間に曹操が張魯《ちょうろ》を討って漢中を占拠する。このままではせっかく手に入れた蜀が危うくなる。劉備は急遽、使者を派遣して和睦の道を探り、荊州を東西に分割する協定が成立した。

二一九年、漢中を曹操から奪取し、秋、魏王となった曹操に対抗して漢中王となったが、関羽が魏、呉の挟撃作戦にあって呉の呂《りょ》蒙《もう》に討ち取られ、荊州を失った。

二二一年、献帝から禅譲されて曹丕《そうひ》が魏王朝を創建したのに対抗して、「漢室再興」の大義名分を掲げて帝位についた。諸葛亮を丞相に、子の劉禅《りゅうぜん》を皇太子とした。

ところが、関羽の仇を討つという「私情」を捨てがたく、群臣の反対を押し切って孫権を倒すべく東征を断行する。

その出兵を前に、張飛が部下に寝首を掻かれるという痛手をこうむった。劉備みずから全軍を率いて呉領に侵攻したこの「夷陵の戦い」は、呉の将軍陸遜《りくそん》の巧妙な持久作戦に翻弄されて大敗を喫した。

命からがら白帝城に逃げもどり、ここで再起を期したものの、二二三年、敗戦の心痛と盟友二人を失った悲しみもあって病いに倒れた。臨終に際して、諸葛亮を成都から呼び寄せ、

「わが子に才能がないと思えば、君が帝位についてくれ」

と後事を託して死んだ。享年六十三。昭烈皇帝と諡された。

陳寿《ちんじゅ》は、劉備をこう評価している。

「劉備は、広い見識と強い意志、それに加えて豊かな包容力を持っており、これぞという人物には甘んじてへりくだった。まさしく、高祖の風格に恵まれ、英雄の器であった。死に際して、臣下の諸葛亮に全幅の信頼を寄せ、国の将来と嗣子の行く末を、あげてその手に託した。そこには一点の私情も見出すことができない。この君臣関係は古今の模範とするに足りる」

天下統一の夢は白帝城に消えて。

小説における劉備は、悪玉曹操に対抗する善玉の役どころを与えられたため、庶民のあいだでは「徳の人」といったイメージを持たれることになった。

だが、「こやつこそ一番の食わせ者だ」と呂布に毒づかれているように、実際には信義に反することもやっている。

しかし、どこか人を引きつけてやまない人間的魅力があり、それが、かれの最大の武器だったようである。

蜀

臥龍、五丈原の夢

諸葛《しょかつ》亮《りょう》

〈一八一～二三四年〉

字は孔明《こうめい》。山東省琅邪《ろうや》郡陽都《ようと》県（山東省臨沂市）の人。父親（諸葛珪《しょかつけい》。太山郡副知事）と早く死別、叔父の諸葛玄《しょかつげん》に育てられた。

一九三年、叔父に伴われて故郷を離れ、一九五年頃、荊州の襄陽《じょうよう》（湖北省襄樊《じょうはん》市）に移住したが、間もなく叔父とも死に別れ、襄陽城西二十里（八キロあまり）の隆中《りゅうちゅう》に居を構えて晴耕雨読の生活に入った。

同地で師事した名士に龐徳公《ほうとくこう》・司馬徽《しばき》・黄《こう》承彦《しょうげん》ら、親交を重ねた人びとに崔州平《さいしゅうへい》・徐庶《じょしょ》（字は元直《げんちょく》）・石韜《せきとう》（字は広元《こうげん》）・孟建《もうけん》（字は公威《こうい》）・龐統《ほうとう》（字、士元。龐徳公の甥）・龐山民《ほうさんみん》（龐徳公の子）らがいた。

龐徳公は「諸葛亮は臥龍《がりょう》、龐統は鳳雛《ほうすう》」と言ったという。また、黄承彦に認められて、その娘で才女の黄氏を妻としていた。

二〇七年、この地で劉備《りゅうび》に「三顧の礼」で迎えられ、その幕僚となった。

劉備は二〇一年以来、劉表《りゅうひょう》の客将となって新野に駐屯していたが、龐徳公の示唆によって諸葛亮を知ったもの。

この時、劉備は四十七歳、諸葛亮は二十七歳、劉備は「魚が水を得たようなもの」と言って喜んだ。

諸葛亮は劉備の諮問に答えて、

「まず荊《けい》州・益《えき》州を奪って根拠地を確保し、江東の孫権《そんけん》と結んで中原の曹操《そうそう》を牽制する天下三分の形勢を確立、好機到来を待って荊州・益州両方面から北伐軍を起こし中原を制圧のうえ、江東を滅ぼして漢王朝の旗の下にふたたび天下を統一する」

という、いわゆる「天下三分の計」を献じた。

諸葛孔明の生涯は現代人に
おおいなる感銘をあたえる。（武侯祠）

この翌年の二〇八年七月、曹操の南征の開始、劉表の病死と荊州の全面降伏という事態の急変を受けて、劉備は樊《はん》城を放棄、当陽を経て水路夏口（湖北省武漢市）に落ち延びた。諸葛亮はそこから劉備の特使として、柴桑《さいそう》（江西省九江市）へ急行、孫権との同盟結成に成功した。

十二月の赤壁での大勝の後、周瑜《しゅうゆ》軍とともに曹操を追って長江を遡った劉備軍は、荊州の長江南部の四郡（武陵・零陵・桂陽・長沙）を平定し、諸葛亮は、軍師中郎将に任ぜられ、劉備の片腕として、零陵以下三郡の統治に手腕をふるった。

二一〇年、劉備は周瑜の死にともなって江陵を中心とする南郡の南半部を孫権から借用した。

翌二一一年、益州牧（長官）劉璋《りゅうしょう》の重臣法正《ほうせい》・張松《ちょうしょう》らの内応のもと益州北部に進駐。

二一二年、成都への進撃を開始した。諸葛亮は荊州の留守を関羽《かんう》に委ね、張飛《ちょうひ》・趙雲《ちょううん》らとともに長江を遡って益州占領作戦に参加した。

二一四年、益州を劉璋から奪って、「天下三分の計」の第一段階を完成した。

劉備は益州牧となり、諸葛亮は軍師将軍に任ぜられて法正らを片腕に内政の整備と軍備の充実にあたった。

二二一年、劉備の漢（蜀漢）帝即位にともなって丞相に任ぜられた。二二三年、劉備は無謀な東征の結果、白帝城で死んだ。

諸葛亮は劉備から後事を託され、

「赤壁の戦い」で勝利を祈った拝風台。

「後主不明のときは、君が帝位に即いてでも魏討伐の目的を達成してくれ」

と言われたが、その信任に応えて誠心誠意後主劉禅《りゅうぜん》を守り立て、戦後処理にあたった。

二二五年には自ら軍をひきいて益州南部の滇池《てんち》（雲南省昆明市）まで出陣、先の敗戦のとき反旗を翻した孟獲《もうかく》を下し、温情をもって異民族を心服させた。魏討伐—北伐をひかえての後顧の憂いを絶つための作戦だった。

二二七年三月、蜀二十万の軍勢をひきいて漢中へ丞相府を移し、北伐の根拠地とした。

このとき後主劉禅は二十歳、諸葛亮は留守中の手配をすませたうえで、

「先帝創業未だ半ばにならずして、中道に崩《ほう》殂《そ》す。今天下三分し、益州疲弊す。此れ誠に危急存亡の秋《とき》なり」

に始まる有名な「（前）出師《すいし》の表」を奉呈した。

二二八年一月、満を持して魏の天水郡南部の祁山《きざん》へ軍を進めた。第一回の北伐である。不意を衝かれた天水・南安・安定の諸郡はみな魏に反旗を翻して蜀に帰順した。

しかし、先鋒として戦略上の要地街亭《がいてい》に派遣した馬謖《ばしょく》が、指令を無視して魏の智将張《ちょう》郃《こう》に撃破されたため、いったんは制圧した西北諸郡の離反を招き、撤退を余儀なくされた。

この年十二月、第二次北伐を敢行、陳倉《ちんそう》（陝西省宝鶏市）を攻めたが、兵糧がつづかず撤退した。

この出陣に際して蜀の後主劉禅に奉呈したのが「鞠躬尽瘁《きっきゅうじんすい》、死して後やむ」という言葉で有名な「（後）出師の表」である。

翌二二九年には陳式《ちんしょく》の軍を武都・陰平の二郡に進駐させるとともに、自らも建威まで出陣して、両郡を制圧、蜀の版図に加えた。

二三一年にはふたたび祁山へ出撃し、上《じょう》邽《けい》まで軍を進めたが糧秣の補給がつづかずに撤退した。

以来二年、漢中で武器の補充、糧秣の蓄積につとめ、二三四年春、孫権が江東の合肥《ごうひ》へ出陣したのに呼応して五丈原に出陣したが、司馬懿《しばい》に持久戦を強いられ、八月、対陣わずか八ヵ月にして陣中で没した。

時に五十四歳だった。

遺体は遺言により漢中の定軍山北麓に葬られ、忠武侯と諡された。

陳寿《ちんじゅ》はその「諸葛亮伝」で、

「諸葛亮は丞相の重責につくと、民生の安定を第一とし、法規を制定し、閑職を廃し、時宜に適した措置をとり、誠心誠意、公正な政治を行なった」

として、「蓋し、春秋時代の管仲《かんちゅう》、漢初の蕭何《しょうか》に並ぶ大宰相と言えよう」と口をきわめて称賛している。

義に生き義に死んだ美髯公

関《かん》羽《う》

〈生年不詳～二一九年〉

蜀

字は雲長《うんちょう》。河東郡解《かい》県の人。事情あって生地を亡命した。劉備《りゅうび》が黄巾の乱にさいして挙兵したとき以来、張飛《ちょうひ》とともにその配下として行動をともにした。

後代の庶民にもっとも親しまれた関羽。

劉備が平原国の相となった（一九一年）とき、張飛とともに別部司馬として一隊の指揮官となった。三人は寝起きをともにし、その信頼関係を言えばまるで兄弟のようだったという。

劉備はその後、徐州で呂布《りょふ》に敗れて一時、曹操《そうそう》のもとに身を寄せ、曹操とともに呂布を平定した。一九九年、徐州刺史の車冑《しゃちゅう》を殺して徐州を奪回、関羽は下邳《かひ》太守代行として下邳に駐屯した。

二〇〇年、劉備は曹操の大軍に襲われて袁《えん》紹《しょう》のもとへ奔り、関羽は包囲されて降伏、偏将軍に任じられた。しかし曹操の武将張遼《ちょうりょう》に、

「曹公のご厚意には感謝しているが、劉備将軍のご恩義を受け、ともに死なんと誓い合った仲なので、将軍を裏切ることはできない。わたしはいずれここから立ち去るが、その前に必ず手柄を立ててご恩返しをするだろう」

と言ったことがあり、それを聞いた曹操は、

「二君に仕えずとは、まこと天下の義士だ」

と嘆息したという。

この年、関羽は白馬城で袁紹軍の勇将顔《がん》良《りょう》を斬る大功を立て、漢寿亭侯に封ぜられたが、陣中で劉備が袁紹のもとにいることを知ったので、曹操に置き手紙を残して脱出、劉備のもとへ奔《はし》った。

曹操の部下たちはただちに追っ手を出そうとしたが、「彼は彼の主従の義を尽くそうとしているのだ。追ってはならぬ」と曹操は命じた。

二〇一年、袁紹が官渡《かんと》で曹操と対陣したとき、劉備は許都《きょと》南方の汝南《じょなん》郡に転進、曹操の背後を脅かすゲリラ戦を展開したが、曹仁《そうじん》の大軍に追われ、荊州の劉表《りゅうひょう》のもとへ落ち延びた。

以来七年間、劉備らは襄陽《じょうよう》北方の新野《しんや》に駐屯したが、二〇八年夏、曹操が南征を開始したとき劉表が死んだ。劉備は江陵を目指して南下した。

関羽は別働隊をひきいて漢水を下り、当陽東方で曹操に大敗した劉備と合流、夏口に転進した。

同年末、赤壁で劉備・孫権連合軍が曹操を大破したあと、劉備は荊州南部諸郡を占拠、関羽は襄陽太守・盪寇《とうこう》将軍に任ぜられ、江陵に駐屯した。

二一一年、劉備が益州へ進駐、二一四年には諸葛亮《しょかつりょう》・張飛《ちょうひ》・趙雲《ちょううん》らが劉備の後を追っ

て、関羽は荊州の守備を一任され、さらに劉備の益州牧就任にともなう論功行賞で荊州都督に任ぜられた。

そのとき、諸葛亮から「髯どのの武勇は絶倫」と評価されて喜んだという。彼は髯が自慢で、美髯公《びぜんこう》と呼ばれていた。

左腕に毒矢を受け、骨に浸みこんだ毒を削り取る切開手術を受けたが、鮮血淋漓《りんり》の手術中も平然と部下を相手に酒を飲んでいたという出来事もこの頃のことである。

二一九年、劉備が漢中王を名乗ると、関羽は前将軍を拝命した。この年、荊州の全軍を挙げて北上、曹仁《そうじん》が守る樊《はん》城を囲んだ。

曹操は于禁《うきん》・龐徳《ほうとく》の両将を援軍として差し向け、二人は関羽の包囲陣の外側で、城内の曹仁と呼応する態勢をとった。たまたま秋の長雨で漢水が溢れて樊城周辺は大洪水となった。

関羽はあらかじめ舟を用意していたが、于禁らは水中に孤立、于禁は関羽に降伏し、龐徳は断固降伏を拒んで斬られた。

洪水は樊城の城壁に届きそうになり、関羽は水軍をひきいて城頭に迫ったが、曹仁は投降勧告を拒否して抵抗した。

関羽の勇名は中原に轟き、曹操も一時は本拠の鄴《ぎょう》への遷都を考えたが、司馬懿《しばい》らの進言で孫権《そんけん》に使者を送り、荊州の分割を条件に関羽の背後を襲うよう申し入れた。また、改めて徐晃《じょこう》を援軍として派遣、徐晃は関羽の包囲陣の一角を撃破した。

これより先、孫権は息子の嫁に関羽の娘を所望して拒否され、大いに怒っていたところだったので、曹操の申し入れに即座に応じ、呂蒙《りょもう》に命じて関羽の本拠江陵を奇襲させた。

一方、江陵・公安の留守を任されていた南郡太守糜芳《びほう》、将軍傅士仁《ふしじん》は、前線への糧秣補給が遅れ、関羽から「帰ったら処分する」と厳しく叱責されていたので、呂蒙の奇襲にあって無抵抗で降伏した。

呂蒙は戦わずして荊州を占領すると、帰順した関羽の配下の部将や役人を起用するとともに、留守家族の生活も保障した。

関羽は皇帝ではないが関帝廟と称せられる。
故郷の常平村の関帝祖祠廟。

徐晃に敗れて包囲陣の一角を打ち崩された関羽は、同時に江陵の失陥を知り、急遽、包囲を解いて引き揚げにかかった。

しかし、兵士たちはすでに戦意を喪失し、相次いで脱走、孤立無援の状況下に湖北省当陽市東南の麦《ばく》城で孫権軍の部将馬忠《ばちゅう》に捕えられ、投降を拒否して、子の関平《かんぺい》ともども臨沮《りんしょ》(沮水のほとり)で斬られた。

孫権は劉備の報復を恐れ、関羽の首を曹操へ送った。曹操は関羽を諸侯の格式をもって丁重に葬った。河南省洛陽市南郊の関林にある陵墓がその首塚といわれる。

陳寿《ちんじゅ》は「関羽伝」の評語で、張飛とともに、

「敵の一万人に匹敵すると言われ、一代の勇将だった。また、曹操に大功で報い、国士の風があった。しかし、剛直で自負心が強かったことで、身の破滅を招いた」

と言っている。

漢皇室再興の旗印のもと、荊州と益州を確保し、江東の孫権と連合して北方の強敵曹操の南下に備えるというのが、諸葛亮の天下統一戦略の第一段階だった。

関羽はその荊州の確保という重責にありながら、孫権との同盟関係を反故にした結果、荊州を奪われた。一代の好漢のために大いに惜しまれているところである。

蜀

兵一万人に匹敵する猛将

張《ちょう》飛《ひ》

〈生年不詳～二二一年〉

字は益徳《えきとく》。小説『三国志演義』では、翼徳《よくとく》としている。中国語では「益」と「翼」は同音で「イ」。涿《たく》郡（河北省涿県）の人。若いころから劉備《りゅうび》に従い、年長の関羽《かんう》をじつの兄のように仰いだ。その武勇は関羽とともに「兵一万に相当する」といわれたが、それを象徴的に伝えるのが、長坂の戦いにおける活躍である。

二〇八年、劉備が曹操《そうそう》軍に追われて妻子とも離れ離れになった当陽の長坂で、わずか二十騎でしんがりをつとめる。張飛は橋を叩き壊すと、河岸に立ちはだかって、かっと目を剝き、矛《ほこ》を小脇にかかえて大音声で叫んだ。

「われこそは張益徳だ。命の惜しくない者は、かかってこい」

魏《ぎ》軍から、だれひとり近寄ろうとする者なく、おかげで劉備は、敵の追跡を振り切ることができた。

二一三年、蜀に入った劉備が雒《らく》城攻めのさいに龐統《ほうとう》を失ったため、張飛は益州への進攻を命じられ、諸葛亮《しょかつりょう》らとともに荊州を出発する。長江をさかのぼって蜀に攻め入り、やがて巴《は》郡（重慶）に入城した。劉璋《りゅうしょう》の部将で巴郡太守の厳顔《げんがん》を生け捕りにし、

「大軍がやってきたというのに、なぜ戦いを挑んできたのだ」

と、どなりつけると、厳顔は昂然と、

「お前たちこそ、ゆえもなくわが益州に侵入してきた。ここには首をはねられる将軍はいても、降伏する将軍はおらん」

張飛が部下に殺害された 閬中にある張飛廟。

張飛はカンカンになり、側の者に、首を斬れ、と命じた。すると厳顔は平然と、

「首を斬るなら、さっさと斬れ。なぜそんなに怒るのだ」

その堂々とした態度に張飛は感服し、その縄を解いて、賓客として迎えた。

漢中の争奪戦では、魏の名将張郃《ちょうこう》と、五十日以上にわたる激戦のすえ、敵を敗走させた。劉備が漢中王になると、張飛は右将軍に任命され、のち車騎将軍に栄転して司隷校尉（警視総監）を兼任、西郷侯に封ぜられた。

張飛の欠点は、乱暴で思いやりに欠けるところで、部下に対して扱いがきびしく、かつ警戒心が足らない点を、つねづね劉備から注意されていた。果たして、関羽の仇討ちに出撃するまぎわ、部下の部将張達《ちょうたつ》と范彊《はんきょう》に寝首を掻かれた。劉備は、張飛のところから使者が到着したと聞いただけで、「ああ、張飛が死んだのだな」と、つぶやいたという。

なお、『三国志演義』の第二回に、張飛がワイロを要求する督郵《とくゆう》を鞭打って劉備に止められる場面がある。ここで読者は、張飛の乱暴者ぶりを強く印象づけられるが、正史には、劉備みずからが宿舎に押し入って就寝中の督郵を縛り上げ、二百回も打ち据えた、と記されている。

蜀

鳳雛と呼ばれた智謀の士

龐《ほう》統《とう》

〈一七九～二一四年〉

字は士元《しげん》、襄陽《じょうよう》郡襄陽（湖北省襄樊市）の人。「臥龍《がりょう》」と称された諸葛亮《しょかつりょう》と並んで、「鳳雛《ほうすう》」と呼ばれた智謀の士。若いころは口下手で風采の上がらぬ男だったため、その才分に気づく者はなかったが、人物鑑定の名人水鏡先生こと司馬徽《しばき》に見いだされて、世間に知られるようになった。

龐統ははじめ周瑜《しゅうゆ》に仕え、後進の育成に熱心に当たった。が、その人物評価にはとかく褒めすぎの傾向があったという。そのわけを龐統は、

「天下大乱のときを迎えて、秩序は乱れ、善人が少なく、悪人がはびこっている。風俗を正し、真っ当な世の中を実現しようとするからには、かれらに多少誇張した評判を与えてやらねば、張り合いがなかろう。張り合いがなければ、善行をやる人間はますます少なくなる。こうして志ある者を励ますのも一法ではないか」

のち荊州を領有することになった劉備《りゅうび》の麾下に入り、耒陽《らいよう》県令に任じられたが、政務をまったく取らずにクビになった。この噂を聞いた魯粛《ろしゅく》から、

「龐統の才は、たかが百里の県を治める程度のものではありません。せめて治中・別駕くらいの役につけなければ駿馬の本領を発揮しないでしょう」

との手紙が届いた。諸葛亮も同意見だったため、劉備はあらためて龐統を腹心として待遇し、ついには諸葛亮とならんで軍師中郎将に迎えた。

龐統と孔明、臥龍・鳳雛ふたりの智謀が時代を変えた。

劉備の蜀入りに際しては、参謀として従い、天下の信義を失うことを恐れて蜀取りをためらう劉備を、こう説得する。

「臨機応変にことを運ぶべき時に、杓子定規な考えでは成功しません。弱き者を併呑し、愚か者を攻撃するは春秋の覇者の取った常法です。非常手段で天下を奪っても、後は善政でこたえる。劉璋《りゅうしょう》に対しても義をもって臨めばよろしい。天下平定の暁には、かれを大国に封じてやれば、なんら信義にもとるところはありません。いま蜀を取らねば、他人に取られてしまいます」

これで劉備は、ようやく遠征を決意したのであった。入蜀当初は益州の牧（長官）劉璋と友好的な関係を保っていたが、やがて龐統の計に従って劉備軍は白水関を急襲、さらに涪水《ふすい》関を突破して雒《らく》城を包囲した。

が、一年にわたるこの攻防戦で、龐統は流れ矢に当たって陣没した。時に三十六歳。劉備は落胆のあまり、龐統の名を口にしては涙を流したという。

ちなみに小説では、劉備の白馬を借りて乗っていたため敵に間違えられ、劉備の身代わりになって射殺されたことになっている。

蜀

曹操に楯突いた西北の雄

馬《ば》超《ちょう》

〈一七六〜二二二年〉

字は孟起《もうき》、扶風《ふふう》郡茂陵《もりよう》県（陝西省興平県）の人。前漢の名将馬援《ばえん》の子孫という。

父の馬騰《ばとう》以来、かれは涼州を根拠地にして独立を保ち、機動力に優れた騎馬隊をもって西北一帯に勢力を張っていた。祖母が羌族《きょう》だったこともあって、この地の異民族の間で絶大な人望を集めていた。

羌族というのは、チベット系遊牧民族で、剽悍なことで知られる。馬超は、その血を色濃く受け継いだのだろう。

馬超は、かつて丞相の位についた曹操《そうそう》から招聘されたことがある。曹操としては、この地域に勢力を張る実力者を味方につけておきたかったのだが、馬超はその風下に立つ気はなく、にべもなく拒絶した。

二一一年、曹操が西方に矛先を転じて進撃してくると、馬超は、韓遂《かんすい》らと連合して潼関《とうかん》に兵を進めた。

剛力自慢の馬超は、機を見て曹操の身柄を拘束しようとしたものの、曹操のボディガード許褚《きよちよ》に隙がなくて手が出せなかった。

その後、曹操の謀臣賈詡《かく》の離間策に嵌められて盟友の韓遂と仲違いしたため、両者の連合軍は瓦解し、曹操軍に大敗を喫して涼州に退いた。

やがて劉備が成都を包囲したとき、馬超は、劉備の幕下に加わりたいと願い出た。劉備は、「これで、わしは益州を手に入れたぞ」と喜色を隠さなかったという。

信義武勇ともにきわだった馬超は
漢中のこの墓に眠る。

馬超が攻め手に加わったとの報に、成都城内は震え上がり、たちまち戦意を喪失して降伏することになった。

ところで、馬超が味方に加わったことを聞いた関羽は、諸葛亮に手紙を書いて、馬超の人柄や力量はだれに比べられるか尋ねた。

当時、関羽は荊州で留守を守っていて、馬超とはまったく面識がなかったからだが、関羽のプライドの高さを承知していた諸葛亮は、こんな返事を書き送った。

「馬超どのは、文武兼ね備えた一代の傑物で、武勇は抜群、張飛どのとはどちらが上か甲乙つけがたいところ。だが〝髯殿〟はなんといっても別格、及ぶところではありません」

関羽は見事な髯を生やしていたので、諸葛亮は彼をこう呼んでいたのである。

二二一年、馬超は驃騎将軍に昇進し、涼州牧（長官）を兼務することになった。そのときの辞令で、劉備は、こう述べている。

「信義に厚い君の名は北方の地に聞こえ、威信と武勇は輝きわたっている。よって、ここに特別の任務を与える。どうか猛虎のごとき勇猛さをもって、万里のかなたまで正しく治め、万民の苦しみを救ってほしい」

しかしながら馬超は、その翌年に亡くなった。時に四十七歳。威侯と諡された。

蜀

老いてますます盛ん

黄《こう》忠《ちゅう》

〈生年不詳〜二二〇年〉

字は漢升《かんしょう》、南陽郡（河南省南陽市）の人。はじめ荊州牧の劉表《りゅうひょう》に仕えて中郎将に任命され、劉表の甥とともに長沙の守りについていたが、曹操《そうそう》が荊州を占領すると、黄忠はそのまま元の任務を命ぜられた。

そして劉備《りゅうび》が南の諸郡を平定したとき、劉備に臣従したのであった。

このように黄忠の前半生は、荊州の支配者が代わろうとも一貫して故郷を離れず、黙々として与えられた職務に従事していたようである。

「赤壁の戦い」から三年後、劉備が蜀に進発したとき、黄忠は遠征軍に加えられて一軍をひきいることになった。この戦いで黄忠は、いつも先陣をきって敵の陣地を攻略し、その勇猛な戦いぶりは全軍に鳴り響いた。

さらに黄忠の名を高からしめたのは、二一九年に行なわれた、定軍山《ていぐんざん》における魏《ぎ》軍との漢中争奪戦だった。

魏の将軍夏侯淵《かこうえん》の率いる部隊はきわめて精強だったが、黄忠は先頭に立って兵士を鼓舞し、銅鑼《どら》・太鼓を鳴らし、喚声を上げ、空と谷を震わすほどの勢いで突撃をつづけ、一戦にして敵将の夏侯淵を討ち取った。この勝利によって、漢中の地は劉備の掌中に帰したのである。

劉備は、これらの戦功に報いるため、黄忠を後将軍に任命し、さらに関内侯の爵位を贈った。これは関羽《かんう》らと同等の官位を与えたことになる。

老黄忠の活躍を偲び定軍山から天蕩山を望む。

この昇官について諸葛亮《しょかつりょう》は、劉備にこんな苦言を呈した。

「黄忠の戦功は確かに認めますが、いきなり関羽らと同列にするのはいかがなものでしょう。張飛《ちょうひ》や馬超《ばちょう》は近くにいて黄忠の手柄を目の当たりにしていますから、納得するでしょうが、関羽は遠くにいて噂を聞くだけですから、かれが自分と同等に扱われたと知れば、きっと喜ばないでしょう」

諸葛亮が危惧したとおり、遠征に参加しなかった関羽は、この人事を聞いて、

「このおれが、なんであんな老兵と同列に扱われるのか」

と言って、カンカンになって怒ったが、劉備が派遣した使者の費詩《ひし》がなだめすかして納得させたという。

「老兵」と関羽がいっているように、黄忠が劉備の幕下に加わったとき、すでに相当な年齢だったといわれる。しかし、生年が不明なので、実年齢が幾つだったのかは不明だ。

いまでも中国では、「老黄忠」という言葉が生きている。老いてますます盛んな人を指していうのだが、そこには親しみと敬意が込められている。

蜀

劉備を迎え入れた策士

法《ほう》正《せい》

〈一七六～二二〇年〉

字は孝直《こうちょく》、扶風郡郿《び》県（陝西省眉県）の人。建安年間のはじめ、同郷人の孟達《もうたつ》とともに蜀に移り、劉璋《りゅうしょう》に仕えた。が、さしたるポストを与えられず、そのうえ同郷の連中からは、「素行が悪い」と中傷されてくさっていた。

そんななかで、同じく主君に不満を持つ張《ちょう》松《しょう》と語らって、劉璋に代えて劉備《りゅうび》を新しい蜀の君主に迎え入れようと策を練った。

やがて、曹操《そうそう》が遠征軍を派遣するとの情報が伝わった。怖じ気づいた劉璋をみて、張松が、「劉備を蜀に呼び、曹操に対抗させせましょう」と献策、法正が劉備のもとに使者に立った。

荊州についた法正は使者の口上を述べおわると、自分たちの計画を打ち明けた。

「将軍の英才をもってすれば、劉璋の無能につけ込むことなど造作もありません。しかも信頼している張松がいつでも内応する手筈を整えているのです。益州の富と天然の要害がわがものになれば、いかなる大業の達成も、掌を返すようなものです」

劉備にとっては、まさに渡りに舟、龐統《ほうとう》を軍師として歩兵数万をひきいて蜀に向かう。二一四年、劉璋に代わって劉備が新しい蜀の主となると、その功によって法正は、蜀郡太守・揚武将軍に任命された。

定軍山の戦いでは曹操を悔しがらせた法正。
いまではのんびりと放牧が行なわれている。

その五年後には、漢中を曹操から奪取する作戦を献策、みずからもこの作戦に加わって、魏の将軍夏侯淵《かこうえん》を定軍山の一戦で討ち取り、漢中を奪って、

「劉備という男は、そこまでやれぬ。だれかの入れ知恵に違いないと思っていたが、果たして法正だったか」

と、曹操を悔しがらせた。

劉備の法正に対する信頼は絶大で、政策はなにごとも法正に相談するほどだった。

ただし、人格的にはかなり問題があった男らしく、蜀郡太守となるや、飯一杯でも受けた恩義には報いたが、その反面、かつて受けたほんの些細な恨みにも必ず報復し、自分を中傷したとして数人を勝手に処刑した。

諸葛亮《しょかつりょう》もまた、法正と個人的な好みはあわなかったが、国事に関しては必ず法正の意見を求め、そのたびにかれの非凡な発想に敬服したという。

後年、劉備が群臣の反対を押し切って孫権《そんけん》討伐の軍を起こし、大敗を喫して白帝城に逃げ込んだとき、諸葛亮はこういって嘆息した。

「法正さえ生きていたら、わが君の東征を思いとどまらせただろう。かりに東征したとしても、こんな大敗にはならなかったものを」

これより二年前、すでに法正は亡くなっていたのであった。

蜀

魏討伐戦のつねに先鋒の勇将

魏《ぎ》延《えん》

〈生年不詳〜二三四年〉

字は文長《ぶんちょう》、義陽（河南省）の人。劉備《りゅうび》が荊州から蜀に入るさい、数々の戦功を立てて牙門《がもん》将軍に抜擢された。さらに劉備が治所を成都に置いたとき、漢中の押えとして、勇猛な将軍を選ぶ必要に迫られた。張飛が任命されるものとだれもが思ったが、抜擢されたのは魏延だった。

その重大任務に就くにあたって、劉備が決心のほどを訊ねると、魏延はこう答えた。

「たとえ曹操《そうそう》が全軍を率いて攻撃してこようとも、これを防いでみせましょう」

劉備も、また他の者たちも、その意気をよしとした。

二二八年、諸葛《しょかつ》亮《りょう》が魏討伐作戦を開始してより、魏延はつねに先鋒を命じられた。

出撃にさいしてかれは、つぎのように進言した。

「聞くところによると、長安を守る夏侯楙《かこうぼう》は、気が弱くて策略もない男とのこと。このさい、わたくしに精鋭五千、兵糧五千をお授けください。さすれば、ただちに漢中から討って出、秦嶺《しんれい》山脈に沿って東に向かい、子午谷で北に向かえば、十日もたたずに長安に攻め入れます。夏侯楙はわたしの突然の来襲に、かならずや船に乗って逃げ出すでしょう。魏が軍勢を立て直してやって来るには、なお二十日ほどかかりますから、丞相が斜谷《やこく》から攻めて来られても、時間には十分な余裕があります。

蜀の討魏戦のつねに先鋒だった魏延が、軍を率いて駆け抜けた漢中・褒斜道。

かくて、一挙に咸陽《かんよう》以西を平定することができます」

だが諸葛亮には、これが一か八かの危険な賭と思えた。ここは安全策を採って、平坦なルートを取るのが万全ではないか、こう判断したため魏延の策を退けたのであった。このため魏延は、あとあとまで諸葛亮を「怯（臆病者）」と批判したという。

二三四年、五丈原の陣中で諸葛亮が亡くなったあと、その生前からの指示に従って蜀軍は撤退をはじめたが、魏延が一人だけこれに反対を唱えた。

「丞相の遺体は側近の者たちが運んで埋葬すればいい。あとは、わしが諸軍を率いて賊を討つ所存。天下国家のことを、一人の死でないがしろにしていいものか」

だが楊儀《ようぎ》ら各軍営は、つぎつぎと陣払いしていく。

腹を立てた魏延は、先回りして楊儀の軍を阻止するため桟道を焼き捨てた。楊儀と魏延は、前々から仲が悪かったのである。

魏延と楊儀はそれぞれ上書して、相手が謀叛を起こしたと劉禅《りゅうぜん》に訴えて争ったが、結局、楊儀の立場が支持されて、魏延は殺された。

ただし、魏延に謀叛する気がまったくなかったことは、正史に論証がある。

蜀

劉備母子を二度も救う智将

趙《ちょう》雲《うん》

〈生年不詳～二二九年〉

字は子龍《しりょう》、常山国真定県（河北省石家荘市）の人。身の丈八尺あまり、なかなかの偉丈夫で容貌も優れていた。もとは公孫瓚《こうそんさん》の配下にあったが、そのころ公孫瓚のもとに身を寄せていた劉備《りゅうび》に心酔し、のち幕下に加わって生涯を劉備に尽くした。

二〇八年、劉備が当陽の長坂で曹操《そうそう》の大軍に追撃され、妻子と離れ離れになって逃走したとき、趙雲は乱戦のなかから赤子、すなわち後日の劉禅《りゅうぜん》をふところに抱き、その生母甘《かん》夫人を救い出した。このとき、ある者が、「趙雲が北方に逃げ去りました」と注進に及んだ。すると劉備は、手槍をその男に投げつけてどなった。

「何を言うか！　子龍はわしを見捨てて逃げたりする男ではない」

まもなく趙雲が、妻子を助け出して劉備のもとに戻って来た。

二一四年、蜀制圧に難渋していた劉備を助けるため、趙雲は張飛《ちょうひ》、諸葛亮《しょかつりょう》とともに後続軍の大将として長江をさかのぼり、成都平定とともに翊軍《よくぐん》将軍となった。

二一九年、魏との漢中争奪戦では、偵察行動中に魏軍の本隊と遭遇し、鮮やかな後退戦を演じたばかりか、本営にたどり着いたあと、門を大きく開かせ、旗もかかげず太鼓も鳴らさず、いわゆる「空城の計」を敢行し、曹操軍の不意を打って撃退した。

翌日、戦闘のあとを見て回った劉備は、「子龍は一身これ肝なり」と感嘆し、虎威将軍に任命した。

趙雲は長阪覇の太子橋で劉禅とその母を救う。

二二一年、劉備が呉に対して関羽の弔い合戦を決意したとき、敵は魏で、呉ではないと正論を展開して、私情に走ろうとする劉備を諫止したため、遠征軍からはずされる。しかし、「夷陵《いりょう》の戦い」に敗れた劉備が白帝城に逃げ込んだと知るや、いち早く援軍をひきいて東下し、追撃して白帝城を抜こうとした呉軍の野望を砕いた。

劉備の死後も蜀の宿将として戦いつづけ、二二八年、諸葛亮が本隊を率いて　山に出陣した際、鄧芝《とうし》とともに陽動作戦を指揮したが、曹真《そうしん》の大軍とぶつかり、小勢のため敗れはしたものの、軍を整えて退陣して大敗をかろうじて防いでいる。このように、沈着ななかにも恐るべき大胆さを秘めた武将であった。

諸葛亮にもっとも信頼をおかれた武将で、かれが死んだとき諸葛亮は、「わたしにとっては腕が一本なくなったようなものだ」と嘆いている。

なお趙雲は、劉禅の命を二度救っている。一度目は長阪でのこと、二度目は、劉備が蜀遠征の留守に、孫《そん》夫人（政略結婚した孫権の妹）が呉に逃げ戻る駄賃にとばかりに劉禅を連れ去ろうとしたが、急遽、長江を閉鎖し、かろうじて取り戻している。

蜀

孔明の指令に背いた才子

馬《ば》謖《しょく》

〈一九〇～二二八年〉

字は幼常《ようじょう》。襄陽郡宜城（湖北省宜城県）の人。「白眉」と称された馬良《ばりょう》の弟。劉備《りゅうび》に従って蜀に入り、綿竹《めんちく》・成都の令、越嶲《えつすい》郡太守を歴任した。

「才器、人に過ぎ、好みて軍計を論ず」といわれる俊英で、諸葛亮《しょかつりょう》にその才能を愛され、ふたりが戦術を論じはじめると夜の更けるのも忘れるほどだったという。

諸葛亮が南方に起こった反乱の鎮定に向かうに当たって、「何か良策はないか」と問うたところ、馬謖はこう答えた。

「およそ戦の道は、心を攻めるのが上策、城を攻めるのは下策、心の戦いこそ武器の戦いに優ります。どうか、かれらを心から屈伏させることをお考えください」

諸葛亮は、この献策を容れ、捕らえた反乱軍の首魁孟獲《もうかく》を釈放して南方の人々を心服させた。「七たび縦《はな》ち七たび擒《とら》える」の故事でよく知られるところである。

二二八年、諸葛亮は、第一次北伐を敢行して祁山《きざん》に進出。魏延《ぎえん》や呉壱《ごいつ》といった歴戦の武将がこれに従軍したので、どちらかが先鋒になるだろうと、だれもが思った。が、意外にも馬謖が抜擢され、大軍を授けられて前線に向かった。

馬謖は、街亭《がいてい》において魏の将軍張部《ちょうこう》と対決した。しかし、諸葛亮の指令に従わずに険阻な山中に陣立てをして、敵に弱点をさらし、張部に水源を断たれて大敗する。

街亭に向かう金牛道で馬謖は何を思ったか。

撤退を余儀なくされた諸葛亮は、帰国後、軍法に照らして馬謖を斬罪に処し、全軍に詫びたのであった。処刑がおこなわれると、十万の将士はみな涙を流した。諸葛亮はみずから葬儀に臨むとともに、遺族をこれまで通りに待遇した。丞相府副官の蒋琬《しょうえん》が、

「天下が動乱のさなかにあるのに、智謀の士を殺すとはあまりに惜しいではありませんか」

と言うと、諸葛亮は涙ながらに答えた。

「孫武が天下に武威を示すことができたのは、軍法を厳格に適用したからではないか。いま天下は分裂し、風雲急を告げているとき、かりにも軍法を曲げることがあれば、どうして逆賊の魏を討つことができよう」

じつは、かつて劉備が臨終の床で、諸葛亮にこう言い残していたのである。

「馬謖の議論には、中身が伴っていない。あの男には重大な任務をまかせられぬぞ」

結果的に、諸葛亮はこの遺言を無視したことになる。これについて正史は、

「人物評価を間違えた点で先帝の戒めに違い、事後処理が不適切な点で有能な人材を殺す結果を招いた」

と、諸葛亮を批判している。

蜀

暗君の代名詞となった
幼名「阿斗」

劉《りゅう》禅《ぜん》

〈二〇七〜二七一年〉

字は公嗣《こうし》。蜀の後主、すなわち第二代皇帝。在位は二二三〜二六三年。母親は甘《かん》皇后である。

劉備《りゅうび》は、この不肖の息子が相当に気がかりだったようで、かれに与えた遺詔のなかで、

「わしは、おのれの人生に恨むことも悔やむこともないが、ただ一つ心にかかるのはお前たち兄弟のことだ」

魏に降る途中、紫雲道で雨を避けた阿斗松。

といい、「小さな悪だからといって、決しておこなってはならぬ。小さな善だからといって、怠ってはならぬ」からはじまり、つねに努力を重ねること、書物を読んで古人の知恵に学ぶことなど、じつにこまごまとした注意を与えている。二二三年、劉備の後を継いで、即位した。時に十七歳であった。

諸葛亮《しょかつりょう》、つづいて蔣琬《しょうえん》、費禕《ひい》が補佐しているうちは、蜀も安泰であったが、かれらが相次いで世を去り、宦官《かんがん》の黄皓《こうこう》が信任されて、国政は腐敗していった。二六三年、魏《ぎ》の大軍が成都に迫ると、劉禅はあっさり降伏の意志を固めた。このとき息子の劉諶《りゅうしん》が、

「かなわぬまでも最後の一戦を挑み、城を枕に討ち死にすべきです。降伏とはなにごとですか。あの世で先帝に合わせる顔がありませんぞ」

と、泣きながら父に迫ったが、聞き入れられなかった。劉諶は先帝の墓前で自害し、蜀は滅亡した。

その後、劉禅は、張皇后（張飛《ちょうひ》の娘）ら家族とともに洛陽に移されて安楽県公に封ぜられ、一万戸の捨て扶持を与えられた。

ある日、司馬昭《しばしょう》は、劉禅のために宴会を開いて蜀の舞楽を演奏させた。供の者がみな故郷を思って沈んでいるなかで、劉禅ひとりは楽しそうに笑っている。これを見た司馬昭はあきれて、側近に言った。

「これでは諸葛亮が生きていたとしても国をまっとうさせることはできなかったろう。まして姜維《きょうい》ではな」

また、あるとき司馬昭に、

「蜀がおなつかしいでしょうな」

と話しかけられて、劉禅は、

「いや、いっこうに。こちらに来て楽しい思いをしておりますので」

と答えた。もと臣下の郤正《げきせい》が、これを伝え聞いて、劉禅に知恵を授けた。

「こんど同じことを尋ねられたら、涙を浮かべて、『先祖の墓が蜀にあるものですから、毎日、西の方角を眺めては胸を痛めております』とお答えなさいませ」

のち、司馬昭に、また同じ言葉をかけられて、劉禅は教えられたとおり答えた。

「おや、おや、郤正の言葉とそっくりですな」

と司馬昭がからかったところ、劉禅は目を丸くして、

「まったくおっしゃるとおりです」

と言ったので、その場に居合わせたものはみな、いっせいに噴き出したという。幼名「阿斗」は、無能な君主を指す代名詞となった。

蜀

魏を攻める涼州一の将軍

姜《きょう》維《い》

〈二〇二～二六四年〉

字は伯約《はくやく》、天水郡冀《き》県（甘粛省天水市）の人。父の姜冏《きょうけい》が異民族の反乱のさい、郡太守を守って戦場に倒れたため、その功によって息子の姜維は中郎に任ぜられた。

二二八年、諸葛亮《しょかつりょう》が祁山《きざん》に出兵、あたりの県がこれに呼応したとき、かれも叛意ありと太守に疑われて締め出され、行き場を失って諸葛亮のもとに身を投ずることになった。

諸葛亮は、姜維を、涼州一の人材と評価し、こう言っている。

「姜維は、軍事にきわめて精通しており、度胸は満点、兵士の気持ちも深く理解している。漢室に心を寄せ、しかもその才能は常人に倍するものがある」

二三四年、諸葛亮が死ぬと、姜維は諸軍を統率することになった。

かれは、みずから西方の風俗に詳しいと自負し、軍事指導能力にも満々たる自信を抱いていたので、羌《きょう》・胡《こ》などの異民族を手なずけて味方につけようとした。そして、

「隴《ろう》より西の地は、断じて敵の手に渡さぬぞ」

と豪語していた。だが、大軍を動員しようとするたびに、慎重派の費褘《ひい》に、

「われらの能力は丞相に遠く及ばぬ。その丞相ですら中原を略定することはできなかったではないか。まして、われらごときでは、とうてい無理だ」

と押さえられて、一万程度の軍勢しか与えられなかった。

二五三年、費褘が不慮の死を遂げると、姜維の手綱を引き絞る者がいなくなった。

以後、姜維は連年のように遠征を繰り返したが、思わしい戦果が上がらず、いたずらに国力を疲弊させるだけであった。

その間、宮中では宦官の黄皓《こうこう》が朝政をほしいままに操り、姜維の追い落としを計っていた。

姜維は、宦官ごときが権力を壟断するのを苦々しく思い、かれを誅殺するよう劉禅《りゅうぜん》に進言したものの、劉禅は、こういって取り上げなかった。

「黄皓は、使い走りの小身者ではないか。そなたがむきになるほどの相手ではあるまい」

二六三年、大挙して侵攻してきた魏軍に対して、姜維は要害の剣閣にこもって抵抗したが、その間に劉禅があっさり降伏したため、やむなく魏将の鍾会《しょうかい》に投降した。

将兵はだれもが怒りを押さえきれず、刀を抜いて石をたたき切った。

その後、姜維は、鍾会に魏に対する反逆の意図があるのを見抜き、かれをそそのかして魏に反旗を翻させた。が、憤激した魏の将兵によって二人とも殺され、姜維の妻子も処刑される羽目となった。

姜維は剣閣にたてこもり、蜀を守ろうと抵抗する。

蜀

侠客から転じて劉備の幕僚に

徐《じょ》庶《しょ》

〈生没年不詳〉

もとの名は福《ふく》、潁川《えいせん》郡の人。劉備《りゅうび》の新野《しんや》時代の幕僚、のち魏の官僚となる。

単家《たんか》（下級官吏の家）の出で、『演義』で誤ってこれを単《ぜん》という家の出とし、単福《ぜんふく》と名乗らせた。若い頃は武芸を好んで任侠の道に入り、人に頼まれて殺人罪を犯したこともあった。のち学業の道に転じ、当初は前歴を知る同門の学友たちに疎外されたが、すすんで掃除係りを勤め、言行を慎み、学業に専念して経書に精通するにいたった。同郷の石韜《せきとう》とともに襄陽《じょうよう》に戦火を避け、諸葛亮《しょかつりょう》と知り合った。

新野駐屯の劉備《りゅうび》の幕僚となり、「諸葛亮は臥龍《がりょう》である」と推挙、礼を尽くして招くよう勧めた。

二〇八年、曹操《そうそう》が荊州に攻め下ったとき、諸葛亮とともに劉備に従って南下した。当陽で大敗したさいに母親を曹操軍に捕らえられ、母親を救うため劉備の配下を離れたが、そのときには自分の胸を指さして、

「わたしはこの方寸《ほうすん》の地（一寸四方の心）を働かせて将軍とともに王覇の業を達成したいと思っていましたが、今、老母を捕らえられて方寸（心）も乱れ、将軍のお役に立つこともできなくなりました」

と辞去し、曹操の陣営に向かった。このとき石韜も同行した。

魏の文帝曹丕《そうひ》の代に右中郎将・御史中丞（それぞれ副大臣クラス）まで昇ったが、諸葛亮は「彼ほどの男にしてそれまでとは、魏には人材が集まっているのだ」と感嘆したという。

史書を部下に読ませて学ぶ

王《おう》平《へい》

〈生年不詳～二四八〉

字は子均《しきん》、巴西《はせい》郡宕渠《とうきょ》（四川省渠県）の人。母親の実家の何《か》家で育てられたので何平《かへい》とも呼ばれる。曹操《そうそう》に仕えて漢中に出陣した（二一九）とき劉備《りゅうび》に帰順、牙門《がもん》将軍・偏将軍を歴任。二二八年、諸葛亮《しょかつりょう》の第一次祁山出撃にさいしては先鋒・馬謖《ばしょく》の副将として街亭に進駐した。馬謖が水のない山上に布陣したため、兵一千をひきいて別に陣を構えた。馬謖は魏の名将張郃《ちょうこう》に囲まれて惨敗したが、王平は陣を固めて一歩も退かず、太鼓やドラを打ち鳴らして気勢を挙げた。

張郃はその悠然たる態度に伏兵があるのではないかと疑い、兵を退いた。王平はそれを見届けてから馬謖の敗残兵を収容し、手勢を一兵も失うことなくしずしずと撤退した。

漢中に引き揚げた諸葛亮は指令に反した馬謖を斬る一方、王平の適切な処置を称賛、馬謖に代わって参軍に任じた。

二三四年、諸葛亮が五丈原で陣没し、楊儀《ようぎ》が諸葛亮の柩《ひつぎ》を守って漢中へ引き揚げる途中、謀叛した魏延《ぎえん》に帰路を断たれたときには、王平が先頭に立って大喝一声、兵士を追い散らし、魏延は孤立して馬忠《ばちゅう》に斬られた。

その後、累進して鎮北大将軍に昇った。

彼は兵士からの叩き上げだったので、文字は十字くらいしか知らず、文書はすべて口述筆記させたが、整然として一字の無駄もなかった。人に『史記』『漢書』の帝紀や列伝を読ませて要旨を理解し、史上の人物の功罪を論じても要点を指摘してはずれることがなかったという。

蜀

孔明の北伐戦を裏方で支える
蔣《しょう》琬《えん》
〈生年不詳〜二四六年〉

字は公琰《こうえん》、零陵郡湘郷の人、劉備《りゅうび》の書佐（文書係）として益州に入り、広都県長に任命された。県長とは戸数一万戸に満たない小県の知事のこと。劉備の突然の視察にあったとき、白昼から酔いつぶれていて処分されそうになったが、諸葛亮《しょかつりょう》の、

「蔣琬は国家を背負う大器、小県の県長など役不足というものです」

という取りなしがあって、大事にいたらずに済んだ。二二三年、諸葛亮直属の事務官（東曹掾《とうそうえん》）として丞相府に入り、北伐のために諸葛亮が漢中に進駐したあと、府の長史（総理府長官）として留守をあずかり政務の処理、将兵の補充、軍需物資の補給などに当たった。

諸葛亮はつねに彼の功績を多として、

「蔣琬は忠義公正、まさに自分とともに王業を補佐する者である」

と言い、後主劉禅《りゅうぜん》にも内密に、「わたくしに万一のことがあったときは、万事、蔣琬にお任せあるよう」と上奏していた。

諸葛亮の陣没にともなって尚書令（丞相職）となり、間をおかずに都護（国防長官）代行、益州刺史を兼任して大将軍、録尚書事《ろくしょうしょじ》へと昇った。諸葛亮を失い国中が不安におののくなか、彼が泰然自若、平素と変わることなく政務の執行に当たる姿を見て、人びとの混乱もしだいに静まった。

大臣に、「前任者（諸葛亮）とは大違いだ」と陰口をきかれたこともあったが、「まこと、わしは諸葛亮さまの足元にも及ばない」と言い、咎めようともしなかったという。

関羽を見殺しにして死を
劉《りゅう》封《ほう》
〈生年不詳〜二二〇年〉

劉備《りゅうび》の養子で蜀の武将、もとの姓は寇《こう》。羅《ら》侯《こう》国の劉氏の外甥。『三国志演義』では羅侯であった劉泌《りゅうひつ》の甥としている）。劉備が曹操に追われて荊州に入ったとき（二〇一）羅侯国（湖南省長沙市羅県）の寇氏の子寇封を養子とした。長子劉禅《りゅうぜん》が生まれるのはそのあと、二〇七年のことである。

二一四年、諸葛亮《しょかつりょう》が成都へ進軍中の劉備を助けるため、江陵駐屯の張飛《ちょうひ》、趙雲《ちょううん》らの軍勢をひきいて益州へ向かったとき、劉封はすでに二十余歳、武芸に秀でた気鋭の若武者となっていた。

諸葛亮に従い長江を遡って益州に入り、各地で武勇の名を挙げ、益州平定とともに副軍師中郎将に任ぜられた。

二一九年、劉備は益州から帰順した宜都《ぎと》太守孟達《もうたつ》に魏の房陵《ぼうりょう》・上庸《じょうよう》両地の占拠を命じ、その際、劉封を目付として派遣した。

劉封は房陵を破って上庸に迫った孟達と合流、上庸を降した。

時を同じくして樊《はん》城を包囲していた関羽《かんう》は何度も劉封・孟達らに援軍を要請したが、二人は新占領地を空けるわけにはいかないとして出撃を拒否、この間に関羽は本拠の江陵を奪われ、急遽、引き揚げの途中、麦《ばく》城で斬られた。

孟達は劉備から責任を問われるのを恐れていたとき、劉封に自分の軍楽隊を横取りされたため魏へ寝返って魏の新都太守に任ぜられた。孤立した劉封は孟達とともに魏に寝返った上庸郡太守申儀《しんぎ》に敗れて成都に逃げ帰ったが、劉備に「孟達を敵側に追いやった罪、関羽を見殺しにした罪」を問われ、自決した。

劉備の益州入りを用意
張《ちょう》松《しょう》
〈生年不詳〜二一二〉

字は永年《えいねん》、蜀郡の人。益州牧劉璋《りゅうしょう》の別駕。二一一年、曹操《そうそう》は馬超《ばちょう》、韓遂《かんすい》らを撃破して関中を平定した。益州牧劉璋は曹操の南下を恐れ動揺した。このとき張松は荊州の劉備《りゅうび》を呼んで漢中を確保させることを献策。かねがね益州侵攻を考えていた劉備はこれを好機に益州に入り、葭萌関《かぼうかん》に進駐した。

翌二一二年、劉備は成都進攻作戦開始に先立ち、いったん荊州へ引き揚げると通告、劉璋の目を欺こうとした。事情を知らない張松は、劉備に従っていた同志法正《ほうせい》に、成都進撃を促す書面を送った。しかし、兄の張粛《ちょうしゅく》(広漢太守)の知るところとなって告発され、反逆者として殺された。

張松は益州に安住する劉璋に不満を抱き、曹操の益州侵攻に協力して栄達をはかろうとしたが、曹操が興味を示さなかったため、劉備への協力に転じたものだった。

孔明に心服した南蛮王
孟《もう》獲《かく》
〈生没年不詳〉

四川省西南部、雲南、貴州省の山岳地帯には、蜀の四つの郡がおかれて南中諸郡と呼ばれていたが、二二〇年、劉備《りゅうび》が呉の陸遜《りくそん》に大敗を喫したとき、これら南中諸郡が相次いで謀叛して呉についた。この反乱の中心となっていたのが、益州郡(雲南省昆明)を本拠とする土着少数民族の首領孟獲だった。

二二五年、諸葛亮《しょかつりょう》は三手の軍勢をひきいて南中平定に向かった。この時は、「異民族は力で平定してもまた謀叛する。心服させることが肝要」という参軍(幕僚)馬謖《ばしょく》の献策によって、孟獲と七度戦って七度捕虜とし、そのたびに釈放し心から降伏させた。諸葛亮は南中各地駐屯の漢族官僚を引き揚げて土着豪族の自治に委ね、孟獲を御史中丞に任じて彼らの統率にあたらせた結果、南中の安定は確保され、諸葛亮は後顧の憂いなく北伐に専念することができるようになった。

人々に親しまれた架空の人物
周《しゅう》倉《そう》

黄巾の乱に地公将軍張宝《ちょうほう》の武将として参加、官軍に鎮圧されると山賊となっていたが、二〇〇年、単騎曹操《そうそう》の配下を脱し、劉備《りゅうび》の夫人たちを守って劉備のもとへ急ぐ途中の関羽《かんう》に帰順、以来、関羽直属の部下としてつねに関羽の左右に仕えた。水練の名手で、二一八年に関羽が樊城《はんじょう》を包囲したときには、水中で孤立した于禁《うきん》を手捕りとする大功を立てた。

この年、樊城から撤退した関羽が呉の軍勢に囲まれ、当陽の麦城《ばくじょう》から脱出して殺害されたのち、呉軍の投降勧告を拒否、自害して関羽に殉じた。

周倉は董卓《とうたく》暗殺事件に登場する美女貂蝉《ちょうせん》とともに『三国志演義』で虚構された数少ない架空の人物。関羽が神格化されると、その脇侍(上手は関平《かんぺい》)として祭られるようになった。当陽郊外には「漢武烈侯周将軍諱倉之墓」という立派な墓がある。

蜀

国難に殉じた信義の人
諸葛《しょかつ》瞻《せん》
〈二二七～二六三年〉

字は思遠《しえん》、諸葛亮《しょかつりょう》の子。八歳のとき諸葛亮から「聡明だが、早く出来上がって大成しないのではないかと気がかりだ」と言われたことがある。十七歳で皇女（後主劉禅《りゅうぜん》の娘）を妻として騎都尉を拝命し、累進して尚書《しょうしょう》僕射《ぼくや》（副丞相）となった。諸葛亮の子として実力以上の評価を受け、二六一年には都護衛将軍を兼ねて、輔国大将軍董厥《とうけつ》とともに丞相職に就いた。

二六三年、魏の征西将軍鄧艾《とうがい》が侵攻したとき、綿竹《めんちく》で迎え撃ち、「帰順すれば必ず琅邪王に推挙しよう」という投降勧告を拒否、大敗して戦死した。

その長子の諸葛尚《しょかつしょう》は「われわれ親子は国恩を蒙りながら、宦官黄皓《こうこう》の専横を見過ごして今日の危機を招いてしまった。このうえ、おめおめと生きていられようか」と言い残し、敵の大軍に突入して死んだ。

白眉と讃えられた俊才
馬《ば》良《りょう》
〈生年不詳～二二二年〉

字は季常《きじょう》、南郡（魏の襄陽郡）宜城の出身。兄弟五人とも秀才の誉れ高く、なかでも眉に白毛が混じっていた馬良は、「馬氏の五常（常を字とする五人）、白眉もっとも良し」と言いはやされた。

劉備《りゅうび》が荊州牧（長官）となったときに召し出されて従事に任ぜられた。諸葛亮《しょかつりょう》に兄事して親しく交わった。諸葛亮が益州へ向かった後も荊州に残ったが、劉備が益州牧になると左将軍の掾《えん》（劉備の副官）に任ぜられ、呉へ派遣されて修好の大任を果たした。

劉備の即位にともなって侍中となり、二二二年、劉備が呉へ攻め下ったさいには、武陵郡五渓《ごけい》地方の異民族宣撫の重任にあたり、各地の首領たちに蜀の官位をあたえて協力を誓わせ、兵士や軍需物資の補充にあたるうち、劉備が大敗、引き揚げの機を失して異郷で非業の死をとげた。

劉備に軍資金を提供
糜《び》竺《じく》
〈生年不詳～二二一年〉

字は子仲《しちゅう》、東海郡朐《く》県（江蘇省）の人。劉備の幕僚。東海郡の豪商で使用人は一万余、巨万の富を有した。徐州牧陶謙《とうけん》に召し出されて別駕従事となり、陶謙が死んだときにはその遺命を奉じて劉備《りゅうび》を後任の牧に迎えた。

一九六年、劉備は居城の下邳《かひ》を呂布《りょふ》に奪われ、妻子も捕虜とされた。劉備が広陵郡に転進したとき、糜竺は妹を劉備の夫人に差し出すとともに、奴僕二千人と軍資金を献上、その苦境を救った。

その後、曹操《そうそう》から嬴《えい》郡太守に任ぜられたが、官位を棄てて弟の糜芳《びほう》とともに劉備に従い対外折衝役を勤めた。劉備が益州牧（長官）となったとき安漢将軍に任ぜられ、席次は軍師将軍諸葛亮《しょかつりょう》の上とされた。大人の風があったが、軍務に従うことは不得手だったので、軍を統率したことは一度もなかった。弟糜芳が関羽の死を招いたことを恥じて病死した。

■プロフィール

監修　陳　舜臣（ちん・しゅんしん）
1924年生まれ。大阪外国語学校卒業。『枯草の根』で乱歩賞を受賞。直木賞を初め、数々の文学賞、文化賞を受ける。日本芸術院会員。著書に『秘本三国志』『中国の歴史』ほか多数。

文　立間祥介（たつま・しょうすけ）
1928年生まれ。慶応大学名誉教授。専門は中国文学。訳書『三国志演義』（平凡社）は三国志ファンの必読書になっている。訳書『駱駝祥子』のほか多数。著書に『諸葛孔明』（岩波新書）などがある。

文　丹羽隼平（にわ・しゅんぺい）
1938年生まれ。東京都立大学人文学部卒業後、中国古典の翻訳にかかわる。中国古典への斬新なアプローチが読者の支持を得る。著書に『三国志』『宋名臣言行録』、訳書に『史記』ほか多数。

写真　岡田明彦（おかだ・あきひこ）
1947年生まれ。1993年に「月刊Asahi」に写真エッセイ「大三国志紀行」を発表し識者の注目を得る。以来、中国各地を取材、三国志の現代的風景をとらえた魅力的な作品を発表しつづけている。

カバーデザイン　野中　昇（のなか・のぼる）　編集　尚文社

【永久保存版】　監修　陳　舜臣
三国志ものしり人物事典
「諸葛孔明」と102人のビジュアル・エピソード

2005年8月15日　初版第1刷発行

著　者　立間祥介・丹羽隼平
発行者　瓜谷綱延
発行所　株式会社　文芸社
〒160-0022　東京都新宿区新宿1-10-1
電話　03-5369-3060（編集）
03-5369-2299（販売）
印刷所　株式会社光邦

ISBN4-286-00196-2